Wertpapierhandel im Internet

Rechtliche Rahmenbedingungen für den Vertrieb von
Investmentanteilen und Aktien

von

Heiko T. Ciesinski

Tectum Verlag
Marburg 2001

Die Deutsche Bibliothek - CIP-Einheitsaufnahme

Ciesinski, Heiko T.:
Wertpapierhandel im Internet.
Rechtliche Rahmenbedingungen für den Vertrieb von Investmentanteilen und Aktien.
/ von Heiko T. Ciesinski
- Marburg : Tectum Verlag, 2001
ISBN 3-8288-8316-8

Tectum Verlag
Marburg 2001

Vorwort

Die vorliegende Arbeit wurde im Sommersemester 2000 als Diplom-Arbeit im Fachbereich Wirtschaftsrecht verfaßt.

Zu besonderem Dank bin ich meinem Betreuer Herrn Prof. Dr. Andreas Müglich verpflichtet, der mir bei Fragen immer hilfreich zur Seite stand. Meinem Zweitgutachter Herrn Prof. Karl-Heinz Niehüser danke ich dafür, daß er den Kontakt zum Unternehmen [pma:] Finanz- und Versicherungsmakler AG herstellte.

Ganz besonders herzlich bedanke ich mich bei Herrn Dipl.-Ing. Frank Altmeyer, Vorstand [pma:] Finanz- und Versicherungsmakler AG dafür, daß er mir die Möglichkeit gab, diese Arbeit bei der [pma:] zu schreiben. Herrn Dipl.-Ing. Frank Altmeyer und Frau M.A. Stephanie Fadel danke ich für die jederzeitige und immer freundliche Unterstützung.

Großen Dank schulde ich Herrn Dipl.-Biol. Leonard Hüesker, [pma:] software + systeme GmbH, der mir in der Endphase der Arbeit bei technischen Problemen - Stichwort Fußnoten - zur Seite stand.

Ganz besonders tiefen Dank schulde ich meinen lieben Eltern, die mich immer in meinem Tun unterstützt haben und ohne deren Unterstützung es mir nicht möglich gewesen wäre, ein Studium zu beginnen. Ihnen widme ich diese Arbeit.

Herten, im September 2000   Heiko T. Ciesinski

Inhaltsverzeichnis

Abkürzungsverzeichnis

Abs.	Absatz
a.F.	alte Fassung
AG	Aktiengesellschaft
AGB	Allgemeine Geschäftsbedingungen
AGBG	AGB-Gesetz (Gesetz zur Regelung des Rechts der Allgemeinen Geschäftsbedingungen)
AktG	Aktiengesetz
AO	Abgabenordnung
Art.	Artikel
AuslInvestmG	Auslandinvestment-Gesetz (Gesetz über den Vertrieb ausländischer Investmentanteile und über die Besteuerung der Erträge aus ausländischen Investmentanteilen)
BAKred	Bundesaufsichtsamt für das Kreditwesen
BAWe	Bundesaufsichtsamt für den Wertpapierhandel
BB	Betriebs-Berater (Zeitschrift)
BGB	Bürgerliches Gesetzbuch
BGH	Bundesgerichtshof
BörsG	Börsengesetz
BTX	Bildschirmtext
CR	Computerrecht (Zeitschrift)
DB	Der Betrieb (Zeitschrift)
ders.	derselbe

EG	Europäische Gemeinschaft
EGV	Vertrag zur Gründung der Europäischen Gemeinschaft
Einf.	Einführung
EStG	Einkommensteuergesetz
e. V.	eingetragener Verein
f./ff.	folgende/fortfolgende
FernAbsG	Fernabsatzgesetz
FFernAbsRL	Richtlinie über den Fernabsatz von Finanzdienstleistungen für Verbraucher
Ftd	Financial Times Deutschland (Wirtschafts-Tageszeitung)
GewO	Gewerbeordnung
HB	Handelsblatt (Wirtschafts-Tageszeitung)
HS	Halbsatz
HWiG	Haustürwiderrufsgesetz (Gesetz über den Widerruf von Haustürgeschäften und ähnlichen Geschäften)
IuKDG	Informations- und Kommunikationsdienste – Gesetz (Gesetz zur Regelung der Rahmenbedingungen für Informations- und Kommunikationsdienste)
JuS	Juristische Schulung (Zeitschrift)
KAGG	Gesetz über die Kapitalanlagegesellschaften
Kap.	Kapitel
KWG	Gesetz über das Kreditwesen
LG	Landgericht

MMR	MultiMedia und Recht (Zeitschrift)
n.F.	neue Fassung
NJW	Neue Juristische Wochenschrift (Zeitschrift)
NJW-CoR	Neue Juristische Wochenschrift Computerreport (Zeitschrift)
NJW-RR	Neue Juristische Wochenschrift Rechtsprechung-Report Zivilrecht (Zeitschrift)
Nr.	Nummer
OLG	Oberlandesgericht
ORL	Richtlinie zur Konkretisierung der Organisationspflichten gemäß § 33 Abs. 1 WpHG
o.V.	ohne Verfasserangabe
PC	Personalcomputer
PIN	Persönliche Identifikationsnummer
RegTP	Regulierungsbehörde für Telekommunikation und Post
RLeG	Richtlinie über den elektronischen Geschäftsverkehr (Richtlinie über bestimmte rechtliche Aspekte der Dienste der Informationsgesellschaft, insbesondere des elektronischen Geschäftsverkehrs, im Binnenmarkt)
RLeS	Richtlinie für elektronische Signaturen (Richtlinie über gemeinschaftliche Rahmenbedingungen für elektronische Signaturen)
Rn.	Randnummer
S.	Satz/Seite
SigG	Signaturgesetz (Gesetz zur digitalen Signatur)

SigV	Signaturverordnung (Verordnung zur digitalen Signatur)
SpSt.	Spiegelstrich
TAN	Transaktionsnummer
TKG	Telekommunikationsgesetz
Überbl.	Überblick
USP	Unique Selling Proposition
VRL	Verhaltens-Richtlinie zur Konkretisierung der §§ 31 und 32 WpHG
WM	Wertpapier-Mitteilungen (Zeitschrift)
WpDRL	Wertpapierdienstleistungs-Richtlinie
WpHG	Wertpapierhandelsgesetz (Gesetz über den Wertpapierhandel)
WPKN	Wertpapierkennnummer
ZBB	Zeitschrift für Bankrecht und Bankwirtschaft
ZHR	Zeitschrift für das gesamte Handelsrecht und Wirtschaftsrecht
Ziff.	Ziffer

Symbol

€	Euro

Abbildungsverzeichnis

Teil 1

1 Einleitung

1.1 Problemstellung

Das Unternehmen [pma:] Finanz- und Versicherungsmakler AG, nachfolgend [pma:] genannt, ist seit Februar 1983 in der klassischen Anlageberatung und Anlagevermittlung tätig. [pma:] ist rechtlich und wirtschaftlich selbständig und gehört dem Verband verbraucherorientierter Versicherungs- und Finanzmakler e. V. (VVV) an.

Die Mitarbeiter haben den in der Finanzdienstleistungsbranche üblichen Status eines Handelsvertreters oder Handelsmaklers und betreuen bundesweit mehr als 30.000 Mandanten (Stand 30.06.2000). Geboten wird den Mandanten eine umfassende Beratung von der privaten Haftpflichtversicherung über die Baufinanzierung bis hin zu Produkten der Kapitalanlage. Das Unternehmen [pma:] bereitet zur Zeit seinen Börsengang vor, der im Herbst diesen Jahres abgeschlossen sein soll.

Bedingt durch die zur Zeit herrschende Aktien-Euphorie - Stichwort: Infineon- und der jahrelangen Diskussion um die Sicherheit oder besser Unsicherheit der Altersversorgung erfreut sich auch die Anlage in Investmentfonds steigender Beliebtheit.

Unter den Aspekten Zeit- und Kosteneinsparung, vereinfachter Order-Abwicklung, aber auch der jederzeitigen Verfügbarkeit der Dienstleistung aus der Sicht des Kunden, strebt [pma:] mittelfristig den Handel im Internet an. Eine Präsenz im Internet zur Information gibt es bereits unter http://www.pma-ag.de.

Zur Zeit wird nach erfolgreicher Beratung ein Antrag auf Eröffnung eines Wertpapierdepots vom Berater zusammen mit dem Kunden in herkömmlicher Weise auf Papier ausgefüllt. Dieser Antrag geht dann auf dem Postweg in die Zentrale der [pma:]. Nach eingehender Prüfung auf Vollständigkeit der Angaben wird der Antrag den

Investmentgesellschaften zugeschickt. Bei unvollständig oder unleserlich ausgefüllten Anträgen kommt es zu zeitaufwendigen Rückfragen mit dem Berater und/oder dem Kunden. Künftig soll der Antrag durch den Berater im Internet in einer Bildschirmmaske ausgefüllt werden. Fehlende Angaben würde das System sofort anzeigen, unleserliche Anträge gehörten der Vergangenheit an.

Langfristig soll der [pma:]-Kunde direkt im Internet Wertpapierdepots eröffnen, Aktien und Fondsanteile kaufen und verkaufen, Kurse und Kontostände abfragen können.

1.2 Gang der Arbeit

Diese Arbeit soll aufzeigen, inwieweit es möglich ist, als Wertpapierdienstleistungsunternehmen Wertpapiere, insbesondere Investmentanteile und Aktien über das Medium Internet, unter Beachtung der relevanten rechtlichen Rahmenbedingungen zu vertreiben.

Im Mittelpunkt der Arbeit stehen die Wohlverhaltensregeln der §§ 31 und 32 des WpHG sowie die Frage, ob es überhaupt möglich ist, rechtlich wirksam Wertpapiere über das Internet zu kaufen oder zu verkaufen.

Im Anschluß werden einige Grundbegriffe zum besseren Verständnis erläutert. Anschließend wird dargestellt, welche Möglichkeiten und Chancen sich für den Vertrieb von Finanzdienstleistungen über das Internet ergeben. Es werden Ursachen und Gründe genannt, warum der seit Jahren boomende Markt der Finanzdienstleistungen auch in den kommenden Jahren, gerade bei der Abwicklung über das Internet, zu den Wachstumsmärkten gehören wird.

An diese Darstellung schließt sich die Frage an, inwieweit es möglich ist, im Internet rechtlich wirksame Wertpapier-Orders abzugeben. Dies beinhaltet insbesondere die Frage, unter welchen Voraussetzungen Verträge elektronisch geschlossen werden können. Zentrale Punkte sind das Zustandekommen von Willenserklärungen sowie die wirksame Einbeziehung von Allgemeinen Geschäftsbedingungen (AGB). Auf die Gestaltung von AGB wird nicht eingegangen. Dies würde den Umfang dieser Arbeit sprengen. Anschließend werden Möglichkeiten aufgezeigt, die Identität des Kunden und die Echtheit seiner Aufträge sicherzustellen. Hierzu werden neben kryptographischen Verfahren der Stand der digitalen Signatur in Technik und Gesetzgebung aufgezeigt.

Im zweiten Teil bilden die Wohlverhaltensregeln der §§ 31 und 32 des WpHG den Schwerpunkt. Diese müssen vor dem Hintergrund der EG-Wertpapierdienstleistungs-Richtlinie sowie der Verhaltens-Richtlinie zur Konkretisierung der §§ 31, 32 WpHG gesehen werden. Anschließend werden die Zulassungsvoraussetzungen für Wertpapierdienstleister sowie die Aufgaben der Aufsichtsbehörden aufgezeigt.

Einen breiten Raum nimmt die Beschreibung der Verhaltenspflichten ein, die sowohl bei der Anlagevermittlung als auch bei der Anlageberatung in gleicher Weise gelten. Insbesondere sind dies die Erkundigungs- und Informationspflichten in § 31 Abs. 2 WpHG. Danach steht die Frage im Mittelpunkt, inwieweit es Discount-Brokern möglich ist, Aufklärungspflichten auszuschließen bzw. auf ein Minimum zu reduzieren. Es schließt sich die Untersuchung der Pflichten eines Anlageberaters an.

Die Ergebnisse werden zusammengefaßt und in einer Checkliste dargestellt. Abschließend erfolgt ein Ausblick auf die zukünftige Entwicklung in der Finanzdienstleistungsbranche.

2 Begriffsbestimmungen

Zum besseren Verständnis werden einige grundlegende Begriffe aus dem Bereich der Finanzdienstleistung erläutert, da sie für das Verständnis der Arbeit notwendig sind.

2.1 Wertpapiere

Wertpapiere sind gemäß § 2 Abs. 1 WpHG Aktien, Schuldverschreibungen, Genußscheine und Optionsscheine, die an einem Markt gehandelt werden können. Darunter fallen auch Papiere, die Aktien oder Schuldverschreibungen vergleichbar sind. Dies sind meist ausländische Papiere.[1] Die Handelbarkeit an einem Markt setzt voraus, daß die Papiere fungibel, d.h. vertretbar sind. Dies wiederum bedeutet, daß die Papiere aufgrund gleicher Rechte, gleicher Pflichten und gleicher Beschaffenheit gegenseitig austauschbar sind.[2]

Anteilscheine, die von einer Kapitalanlagegesellschaft oder einer ausländischen Investmentgesellschaft ausgegeben werden, fallen ebenfalls unter den Begriff der Wertpapiere. Eine Ausstellung einer Urkunde ist für Wertpapiere im Sinne des WpHG indes nicht notwendig. Die Definition des Wertpapiers im WpHG unterscheidet sich insofern von der zivilrechtlichen, als im Zivilrecht das in der Urkunde verbriefte Recht nicht ohne die Urkunde geltend gemacht werden kann.

Im weiteren Verlauf der Arbeit ist der Begriff „Wertpapiere" auf Aktien und Investmentanteile beschränkt zu verstehen.

2.2 Wertpapierdienstleistung

Wertpapierdienstleistungen sind gemäß § 2 Abs. 3 Nr. 1-6 WpHG

- das Finanzkommissionsgeschäft (Nr. 1),

---

[1] Schäfer, in: Schäfer, § 2 Rn. 14.
[2] Küspert, in: Homolka, S. 13; Schwintowski/Schäfer, § 11 Rn. 5 f.

4

- der Eigenhandel für andere (Nr. 2),

- die Abschlußvermittlung (Nr. 3),

- die Anlagevermittlung (Nr. 4),

- das Emissionsgeschäft (Nr. 5),

- die Vermögensverwaltung (Nr. 6).

Nachfolgend wird unter einer Wertpapierdienstleistung die Abschlußvermittlung, d.h. die Anschaffung und die Veräußerung von Wertpapieren im fremden Namen für fremde Rechnung sowie die Anlagevermittlung, d.h. die Vermittlung oder der Nachweis von Geschäften über die Anschaffung und die Veräußerung von Wertpapieren verstanden. Unter einer Wertpapiernebendienstleistung versteht § 2 Abs. 3 a WpHG die Beratung bei der Anlage in Wertpapieren.

2.3 Wertpapierdienstleistungsunternehmen

Wertpapierdienstleistungsunternehmen sind gemäß § 2 Abs. 4 WpHG Kreditinstitute und Finanzdienstleistungsinstitute, die Wertpapierdienstleistungen allein oder zusammen mit Wertpapiernebendienstleistungen gewerbsmäßig oder in einem Umfang erbringen, der einen in kaufmännischer Weise eingerichteten Betrieb erfordert.

2.4 Aktien

Aktien stellen ein in einer Urkunde verbrieftes Mitgliedschaftsrecht an einer Aktiengesellschaft dar. Durch die Aktie erwirbt der Aktionär eine anteilsmäßige Beteiligung in Höhe des Nennwertes am Grundkapital der Aktiengesellschaft.[3] Er ist wirtschaftlicher, nicht rechtlicher Miteigentümer am Gesellschaftsvermögen der Aktiengesellschaft.[4] Aktien können nach § 8 Abs. 1 AktG als Nennbetragsaktien oder

---

[3] § 1 Abs. 2 AktG.
[4] Henn, Rn. 26.

5

Stückaktien begründet werden. Der Mindestnennbetrag der Aktie ist nach § 8 Abs. 2 AktG auf fünf Euro vorgeschrieben. Stückaktien haben keinen Nennbetrag. Sie sind zu gleichem Anteil am Grundkapital beteiligt und dürfen anteilig einen Euro nicht unterschreiten.[5]

Der Kurswert, zu dem die Aktie an der Börse gehandelt wird, orientiert sich am Wert des Unternehmens und ist abhängig von Angebot und Nachfrage. Der Kurswert ist in der Regel höher als der Nennwert.[6] Die Haftung des Aktionärs ist auf seinen Anteil beschränkt. Eine persönliche Haftung oder Nachschußpflicht bestehen nicht. Über die jährlich ausgeschüttete Dividende ist der Aktionär am Unternehmenserfolg beteiligt. Die Dividende ist jedoch gewinnabhängig. Eine Verpflichtung zur Ausschüttung besteht nicht.[7]

Liegt der Kurswert beim Verkauf der Aktien höher als der Einstiegskurs, so erzielt der Aktionär die sogenannten Kursgewinne. Diese liegen in aller Regel über der Dividende und sind steuerfrei, sofern sie außerhalb der Spekulationsfrist von einem Jahr erzielt wurden.[8]

Nach § 10 Abs. 1 AktG wird zwischen Inhaber- und Namensaktien unterschieden. Inhaberaktien räumen demjenigen das Recht am Papier ein, der es besitzt. Namensaktien werden auf den Namen des Eigentümers ausgestellt und nach § 67 Abs. 1 AktG in das Aktienbuch der Aktiengesellschaft eingetragen.

Stammaktien sind „normale" Aktien. Sie gewähren dem Aktionär das Recht auf Teilnahme an der Hauptversammlung sowie das Stimmrecht.[9] Vorzugsaktien gewähren meist eine höhere Dividende bei Ausschluß des Stimmrechts.[10]

2.5 Investmentfonds

Um eine breite Risikostreuung zu erreichen, sollte der Anleger sein Geld in unterschiedliche Wertpapiere investieren. Anzustreben ist bei Aktien

---

[5] § 8 Abs. 3 AktG.
[6] Der Nennwert d. BMW-Aktie ist 1 €, der Kurswert hingegen betrug am 13.09.2000 37,00 €.
[7] Küspert, in: Homolka, S. 27 ff.
[8] § 23 Abs. 1 S. 1 Nr. 2 EStG.
[9] §§ 12 Abs. 1 S.1, 118 Abs. 1 AktG.
[10] §§ 12 Abs. 1 S.2, 139 Abs. 1 AktG.

eine Streuung auf verschiedene Branchen, aber auch auf Papiere unterschiedlicher Risikostufen. Private Kleinanleger erhalten für einen monatlichen Sparbeitrag so nur eine relativ geringe Anzahl von Aktien. Zum Teil würde der Anleger für seinen Anlagebetrag nur den Bruchteil einer Aktie bekommen.[11] Dies macht eine vernünftige Risikostreuung unmöglich. Darüberhinaus fehlt den meisten Privatanlegern neben der Zeit auch das entsprechende Fachwissen, welches für die Anlage in einzelne Wertpapiere erforderlich ist.

Kapitalanlagegesellschaften, auch Investmentgesellschaften genannt, bieten Kleinanlegern die Möglichkeit, sich mit geringen monatlichen Sparbeiträgen an einem Investmentfonds zu beteiligen. Die Anlagegesellschaft „sammelt" von einer Vielzahl von Anlegern Geld, welches unter dem Grundsatz der Risikostreuung[12] angelegt wird.

Die Verwaltung des Fonds, d.h. die Entscheidung, wann welche Papiere gekauft oder verkauft werden, wird von einem Fondsmanagement übernommen. Der Anleger erwirbt Anteile an dem Fondsvermögen, die sogenannten Investmentanteile oder Investmentzertifikate. Der Wert eines Anteils ergibt sich aus der Division des gesamten Fondsvermögens durch die Anzahl der gesamten Anteile.[13]

---

[11] So bekam man am 13.09.2000 für 50 € 0,53 Deutsche Bank 24-Aktien bei einem Kurs von 94,60 €.
[12] §§ 1, 3, 8, 9, 10, 25, 27, 35 KAGG.
[13] Bitz, S. 229 ff.

3 Chancen für Wertpapierdienstleistungen im Internet

Ein veränderte Kundenstruktur und damit ein verändertes Kundenverhalten, neue Technologien sowie ein zunehmender Wettbewerbsdruck haben den Markt der Finanzdienstleistungen in den vergangenen Jahren beeinflußt und werden ihn in Zukunft noch weiter verändern.

Aufgrund einer allmählichen Bewußtseinsänderung hat sich seit dem Börsengang der Telekom im Jahre 1995 eine Aktien-Euphorie entwickelt. Diese Euphorie spiegelt sich in der gestiegenen Geldanlage in Investmentfonds, insbesondere aber in der Zeichnung von Neuemissionen durch Kleinanleger wider.[14] So betrug das in Investmentfonds angelegte Vermögen zum 30.06.2000 433 Milliarden Euro, zum Jahresende geschätzte 500 Milliarden Euro.[15]

Eine veränderte Altersstruktur belastet zunehmend die gesetzliche Altersversorgung, sodaß die private Altersvorsorge für den Einzelnen immer wichtiger wird. Aufgrund der guten langfristigen Renditemöglichkeiten, wird die Altersvorsorge vermehrt über die Anlage in Aktien und Investmentfonds betrieben. Aber auch mittelfristige Anlagen und Einmalanlagen werden in Investmentfonds getätigt. Begünstigt wird die Anlage in Wertpapieren darüber hinaus durch die Höhe des Geldvermögens in Deutschland, das aufgrund der Erbengeneration so groß ist, wie nie zuvor.

Diese Wachstumsaussichten führen dazu, daß mittlerweile auch Unternehmen aus dem Near- und Non-Bankenbereich, wie z.B. die Allianz als Versicherungsunternehmen bzw. VW aus der Automobilbranche, die Geldanlage in Wertpapieren anbieten. Dies führt auf der Anbieterseite – bei weitgehend gleichem Produktangebot - zu einer größeren Markttransparenz und zu einem erhöhten Wettbewerbsdruck. Preisvergleiche – auch über das Internet – werden für die Anleger immer einfacher. Entscheidend für die Wahl des Finanzdienstleisters sind geringe Gebühren, hohe Zinsen und ein insgesamt gutes Preis-Leistungs-Verhältnis. Aufgrund einer geringeren

---

[14] Flach/Schwarz, HB v. 26.5.2000, S. 30.
[15] Narat, HB v. 26.7.2000, S. 42.

Loyalität als früher, ist der Anleger heute eher und schneller bereit, seinen Finanzdienstleister zu wechseln.[16] Diese Bereitschaft wird umso größer sein, je geringer die persönlichen Kontakte zwischen Anleger und Finanzdienstleister sind.

Ein immaterielles Produkt wie Finanzdienstleistungen eignet sich in besonderer Weise für den Vertrieb über das Internet, da es nicht erst über den Postweg, sondern direkt online verschickt werden kann. Dadurch besteht das Angebot ohne zeitliche und räumliche Grenzen. Der Anleger kann die Dienstleistung in Anspruch nehmen, ohne an Öffnungszeiten oder Aufenthaltsort gebunden zu sein. Interesse am Online-Aktienkauf bekunden heute schon 45%, am Kauf von Investmentfonds immerhin noch 30% der Befragten einer Studie.[17] Das Interesse wird mit steigender Anzahl der Internet-Anschlüsse weiter zunehmen. Bei heute 15 Millionen Anschlüssen ist noch enormes Wachstumspotential gegeben.[18]

Die Generation, die mit dem Computer aufgewachsen ist, ist mittlerweile in den Kundenkreis der Finanzdienstleister eingetreten. Und für die Jugend von heute - den Kunden von morgen - ist der Umgang mit Computer und Internet so selbstverständlich, wie für frühere Generationen der Umgang mit Rechenschieber oder Taschenrechner. Diese Generation wird neuen Technologien und Anwendungen wesentlich offener gegenüberstehen als die vorherige Generation.

Voraussetzung ist jedoch, daß es überhaupt möglich ist, Verträge über den Kauf und Verkauf von Investmentanteilen und Aktien im Internet rechtlich wirksam abzuschließen. Darüber hinaus müssen Sicherheitsstandards geschaffen werden, die eine sichere Order-Abwicklung im Netz gewährleisten. Dies ist umso wichtiger, als der Wertpapierdienstleister mit hochsensiblen vertraulichen Kundendaten arbeitet, die seinen Unternehmensbereich nicht verlassen dürfen. Nur wenn der Kunde Vertrauen in die Technik und Organisation besitzt, wird er die Vorteile des Internethandels auch nutzen.

Der Wertpapierdienstleister, dem es gelingt, den Kunden über eine persönliche Betreuung langfristig an sich zu binden, wird mit dem

---

[16] Reckinger, HB v. 26.5.1998, S. 36.
[17] Studie v. Fittkau & Maß in: Fröhlich, HB v. 23.5.2000, S. B3.
[18] Sandl, CR 2000, 319, 320.

9

Wertpapierhandel im Internet einen Markt mit hohen Wachstumsraten vorfinden.

4 Abschluß von Wertpapier-Orders im Internet

Zu untersuchen ist, in wieweit es möglich ist, Wertpapier-Orders, d.h. Kauf- und Verkaufsaufträge für Wertpapiere im Internet rechtlich wirksam durchzuführen.

4.1 Elektronischer Vertragsabschluß

Spezielle gesetzliche Normen für den elektronischen Vertragsabschluß existieren nicht. Das Zustandekommen von Verträgen im Internet richtet sich vielmehr, ebenso wie bei herkömmlich, offline geschlossenen Verträgen, nach den Normen des BGB.[19]

Ein Vertrag kommt durch zwei übereinstimmende Willenserklärungen - Antrag und Annahme - zustande.[20] Im Internet kann dies auf zwei Arten geschehen: zum einen durch den Austausch von Willenserklärungen per E-Mail, zum anderen durch Ausfüllen und Absenden eines elektronischen Angebotsformulars auf einer Homepage am PC.[21]

Für die Order von Wertpapieren ist das Ausfüllen eines Orderformulars praktischer als die Order per E-Mail. Dies gilt zumindest noch solange, wie eine Legitimation vorab erforderlich ist, da die Sicherheit bei E-Mails noch nicht in ausreichendem Maße besteht.

4.1.1 Willenserklärung

Unter einer Willenserklärung versteht man die Äußerung eines auf die Herbeiführung eines Rechtserfolges gerichteten Willens. Sie setzt sich zusammen aus dem objektiven Erklärungstatbestand und dem subjektiven Willensmoment.

---

[19] Mehrings, MMR 1998, 30; Deville/Kalthegener, NJW-CoR 1997, 168.
[20] Klunzinger, S. 73.
[21] Ernst, NJW-CoR 1997, 165; Geis, NJW 1997, 3000.

11

4.1.1.1 Elektronische Willenserklärung

Die elektronische Willenserklärung unterscheidet sich allein durch die Art der Übermittlung von der „normalen" Willenserklärung. Sie wird weder schriftlich noch mündlich bzw. fernmündlich, sondern über Computer und Datenleitungen übermittelt. Der eigentliche Inhalt der Erklärung bleibt aber menschlichen Ursprungs.[22] Auch wenn ein Computerprogramm gewisse Automatisierungen, wie z.b. die Ermittlung der Gesamt-Ordersumme zur Vereinfachung durchführt, kann man das Ausfüllen einer Ordermaske oder das Schreiben einer E-Mail am Bildschirm mit dem handschriftlichen Ausfüllen eines Formulars oder dem Schreiben eines Briefes gleichsetzen.[23] Die Entstehung einer elektronischen Willenserklärung ist der Entstehung einer „normalen" Willenserklärung somit gleichzusetzen. Mithin ist die elektronische Willenserklärung rechtlich genauso zu behandeln wie die „normale" Willenserklärung.

4.1.1.2 Automatisierte Computererklärung

Die automatisierte Computererklärung wird von einem Computer ohne unmittelbare Beteiligung eines Menschen abgegeben.[24] Dies kann z.b. die Bestätigung der Ausführung einer Wertpapier-Order sein, die der Rechner automatisch nach Erhalt der Order abgibt. Diese „Erklärung" des Rechners ist nicht diesem zuzurechnen, da ein Rechner nicht in der Lage ist, eigenständige Entscheidungen zu treffen. Er kann nur das leisten, was ihm vorher in Form eines Programms eingegeben wurde. Die „Erklärung" des Computers ist somit eine „vorprogrammierte Erklärung des Rechnerbetreibers", die er zu einem späteren, ihm unbekannten Zeitpunkt, per Computer abgibt. Die Computererklärung basiert somit letztlich mittelbar auf einem menschlichen Erklärungswillen.[25] Durch den Einsatz von entsprechend programmierten Computern zur Vereinfachung und Beschleunigung von Geschäftsabläufen äußert der Betreiber den Willen, daß er die Computererklärungen mit den rechtlichen Folgen für und gegen sich

---

[22] Koch, S. 130; Heun, CR 1994, 595.
[23] Mehrings, in: Hoeren/Sieber, Teil 13.1 Rn. 25.
[24] Koch, S. 130; Mehrings, in: Hoeren/Sieber, Teil 13.1 Rn. 27 ff.
[25] Strömer, S. 107; Mehrings, MMR 1998, 30, 31.

12

gelten lassen will.[26] Anderenfalls würde er diese Systeme nicht einsetzen. Mit der herrschenden Meinung ist somit bei der Computererklärung von einer Willenserklärung auszugehen.[27]

4.1.2 Homepage als Angebot

Grundsätzlich kann die Homepage als verbindliches Angebot im Sinne des § 145 BGB oder als Aufforderung zur Abgabe eines Angebotes (invitatio ad offerendum) angesehen werden. Die Homepage wird nach herrschender Ansicht als invitatio ad offerendum angesehen, weil der Anbieter sich rechtlich noch nicht binden will.[28] Würde ein Rechtsbindungswille angenommen, dann würden auch Verträge mit Personen zustande kommen, mit denen der Anbieter ein Vertragsverhältnis nicht eingehen will. Darüber hinaus wäre der Anbieter auch an fehlerbehaftete Angebote gebunden.[29]

Zu Recht wird jedoch in der Literatur darauf verwiesen, daß die Frage, ob es sich bei einer Internet-Homepage um ein verbindliches Angebot oder um eine invitatio ad offerendum handelt, im Wege der Auslegung zu entscheiden ist. Hierbei kommt es nicht auf den inneren Willen des Anbieters an, sondern vielmehr auf den objektiven Erklärungswert seines Verhaltens. Abgestellt wird darauf, wie der Erklärungsempfänger die Internet-Seite versteht. Dieser wird regelmäßig ein verbindliches Angebot auf der Homepage erkennen, es sei denn, der Anbieter schließt die Gebundenheit ausdrücklich und deutlich aus.[30]

Dieser Ansicht ist bezüglich der Qualifizierung der Internet-Seite eines Wertpapierdienstleisters zuzustimmen. Der Anleger, der das „Formular zur Kontoeröffnung" auf der Internet-Seite ausfüllt, kann dies nur als ein Angebot verstehen. Warum das Formular nur ein Angebot zur Abgabe eines Angebotes durch den Anleger darstellen soll, wird er objektiv nicht erkennen können. Will der Wertpapierdienstleister seine Gebundenheit ausschließen, so kann er dies durch den Zusatz „Kontoeröffnung vorbehaltlich Bestätigung" zum Ausdruck bringen.

---

[26] Fringuelli/Wallhäuser, CR 1999, 93; Heun, CR 1994, 595, 596.
[27] Statt vieler: Mehrings, in: Hoeren/Sieber, Teil 13.1 Rn. 27 ff; Koch, S. 130 ff.
[28] Palandt/Heinrichs, Einf. v. § 145 Rn. 7a.
[29] Mehrings, in: Hoeren/Sieber, Teil 13.1 Rn. 52 ff.
[30] Mehrings, in: Hoeren/Sieber, Teil 13.1, Rn. 57 ff.

4.1.3 Wirksamkeit von Angebot und Annahme

Der Zeitpunkt des Wirksamwerdens von Angebot und Annahme sowie die Möglichkeit des Widerrufs eines Angebotes hängen davon ab, ob Angebot und Annahme unter Anwesenden oder Abwesenden gemacht werden. Ein Angebot unter Anwesenden wird sofort wirksam, während ein Angebot, unter Abwesenden gemäß § 130 Abs. 1 S.1 BGB erst mit dem Zugang beim Empfänger Wirksamkeit entfaltet. Gemäß § 147 Abs. 1 S. 1 BGB kann der einem Anwesenden gemachte Antrag nur sofort angenommen werden, ansonsten erlischt er.

Für die Qualifizierung eines online übermittelten Angebotes wird auf die Kommunikation von Mensch zu Mensch abgestellt. Damit ist nicht die räumliche Nähe gemeint, sondern vielmehr die Möglichkeit, unmittelbar in einer Kommunikationssituation Fragen, z.B. zum Verständnis, zu stellen und eine Erklärung auf ihren Inhalt hin zu überprüfen. Denn dies zeichnet eine Kommunikation unter Anwesenden aus.[31] Insoweit könnte eine Kommunikation mittels Computer der Kommunikation mittels Fernsprecher gleichgesetzt sein und als unter Anwesenden gemacht gelten gemäß § 147 S. 2 BGB. Bei einem Angebot per Ordermaske oder per E-Mail ist die unmittelbare Antwortmöglichkeit regelmäßig jedoch nicht gegeben. Beide Arten zeichnen sich vielmehr dadurch aus, daß sie gespeichert werden können.[32] Dadurch sind die Vertragspartner bei der Abgabe eines Angebotes unabhängig voneinander, ähnlich der Verwendung eines Orderformulars, welches auf dem Postweg versandt wird.

Im Ergebnis stellt ein über das Internet übermitteltes Angebot nach ganz herrschender Auffassung eine Willenserklärung unter Abwesenden dar. Ist aufgrund der technischen Voraussetzungen eine Kommunikation ähnlich der telefonischen möglich, so sieht Müglich die Willenserklärungen als unter Anwesenden gemacht.[33] Dieser Kommunikation dürfte das sogenannte „Chatten"[34] sehr nahe kommen. Beim Chatten werden die Daten, die am Bildschirm geschrieben werden, zeitgleich dem Kommunikationspartner übermittelt. Sie werden jedoch nicht gespeichert, wie bspw. eine E-Mail. Ähnlich der telefonischen

---

[31] Fringuelli/Wallhäuser, CR 1999, 93, 98; Heun, CR 1994, 595, 597.
[32] Fringuelli/Wallhäuser, CR 1999, 93, 97; Mehrings, in: Hoeren/Sieber, Teil 13.1 Rn. 57 ff.
[33] Müglich, MMR 2000, 7, 9.
[34] Englisch to chat: plaudern.

Kommunikation besteht auch hier die Möglichkeit, sofort Rückfragen zu stellen und mißverständliche Erklärungsinhalte zu klären. In aller Regel wird die Form des Chattens jedoch nicht zum Vertragsabschluß genutzt.

4.1.4 Zugang der Willenserklärung

Gemäß § 130 Abs. 1 S. 1 BGB wird eine Willenserklärung unter Abwesenden erst dann wirksam, wenn sie dem Empfänger zugeht (Empfangstheorie). Für den Zugang einer verkörperten Willenserklärung ist erforderlich, daß sie derart in den Machtbereich des Empfängers gelangt ist, daß dieser unter gewöhnlichen Umständen Kenntnis von ihrem Inhalt erlangen kann. Nicht erforderlich ist die tatsächliche Kenntnisnahme, es reicht die Möglichkeit der Kenntnisnahme.[35]

Eine elektronische Mitteilung, sei es per E-Mail oder per Ordermaske, stellt eine verkörperte, da speicherbare und nicht rein optische oder rein akustische, Erklärung dar.[36]

4.1.4.1 Machtbereich

Zu unterscheiden ist, ob die Nachricht dem Empfänger direkt übermittelt wird oder bei einem Provider bis zum Abruf gespeichert wird.

Bei der direkten Übermittlung gilt der Machtbereich als erreicht, sofern die Schnittstelle zum Empfängergerät überschritten ist, d.h. sofern das elektronische Signal eingegangen ist. Eine Speicherung oder ein Ausdruck sind nicht erforderlich.[37]

Bei der nicht direkt übermittelten Erklärung, die bei einem Provider in einer Mailbox, d.h. einem elektronischen Briefkasten gespeichert wird, kommt es nicht auf den Abruf durch den Empfänger an. Entscheidend für den Eintritt der Erklärung in den Machtbereich des Empfängers ist, daß dieser unmittelbaren Zugriff auf die Mitteilungen und somit die

---

[35] MüKo-Förschler, § 130 Rn. 4; Ultsch, NJW 1997, 3007, Klunzinger, S. 65.
[36] Ultsch, NJW 1997, 3007; Ernst, NJW-CoR 1997, 165.
[37] Heun, CR 1994, 595, 598; Mehrings, MMR 1998, 30, 33.

Möglichkeit der Kenntnisnahme erhält. Dies ist regelmäßig der Fall, sofern die Nachrichten abrufbar sind.[38]

4.1.4.2 Möglichkeit der Kenntnisnahme

Bei der Möglichkeit der Kenntnisnahme ist zu unterscheiden, ob die Mitteilung im geschäftlichen oder im privaten Bereich zugeht. Darüberhinaus ist darauf abzustellen, wie und durch wen die Nachricht bearbeitet wird. Elektronische Erklärungen im geschäftlichen Bereich, die ausgedruckt oder am Bildschirm bearbeitet werden, gelten als zugegangen an dem Tag, an dem sie eingehen, sofern dies innerhalb der üblichen Geschäftszeiten erfolgt. Ausnahmen bilden Mitteilungen, die unmittelbar vor Ende bzw. außerhalb der Geschäftszeiten eingehen, sodaß sie erst am nächsten Arbeitstag bearbeitet werden können. Ihr Zugang gilt regelmäßig als an diesem Arbeitstag erfolgt.[39] Ähnlich der Verwendung eines Telefax-Gerätes ist auch der Inhaber eines elektronischen Briefkastens im geschäftlichen Verkehr verpflichtet, regelmäßig seinen Nachrichteneingang zu überprüfen.[40] Die zeitlichen Abstände der Überprüfung dürften umso geringer sein, je größer die Anzahl der üblicherweise eingehenden Nachrichten ist.

Durch den Einsatz von automatisierten Computererklärungen verzichtet das Wertpapierdienstleistungsunternehmen auf die üblichen Geschäftszeiten und kann seinen Kunden so einen Handel rund um die Uhr anbieten. Mitteilungen gelten dann bereits als zugegangen, sofern sie ordnungsgemäß automatisch erfaßt und abgespeichert sind.[41]

Ähnlich strenge Anforderungen bezüglich jederzeitiger Erreichbarkeit und Verzicht auf die üblichen Zustellzeiten sollen auch für private Nutzer von elektronischen Briefkästen gelten.[42] Solange das internetfähige Mobilfunktelefon mit Zugriff auf den elektronischen Briefkasten noch nicht die flächendeckende Verbreitung hat, wie bspw. das

---

[38] Fringuelli/Wallhäuser, CR 1999, 93, 99; Ultsch, NJW 1997, 3007; Heun, CR 1994, 595, 598.
[39] Ultsch, NJW 1997, 3007, 3008.
[40] Ernst, NJW-CoR 1997, 165, 166; Mehrings, MMR 1998, 30, 33.
[41] Mehrings, in: Hoeren/Sieber, Teil 13.1 Rn. 82.
[42] Heun, CR 1994, 595, 598.

Festnetztelefon, erscheinen diese strengen Anforderungen jedoch noch nicht gerechtfertigt.

Aus heutiger Sicht überzeugt die Ansicht, den elektronischen Briefkasten so wie den Hausbriefkasten zu bewerten. Eine Nachricht gilt somit als zugegangen am Tag des Eintreffens in der Mailbox. Trifft sie zur Unzeit ein, so gilt sie am nächsten Tag als zugegangen. Von dem privaten Nutzer elektronischer Briefkästen wird erwartet, daß er mindestens einmal täglich seine Mailbox leert.[43] Da elektronische Mitteilungen rund um die Uhr eintreffen können, bleibt die Bestimmung der Unzeit der Rechtsprechung solange überlassen, bis eine flächendeckende Verbreitung von internetfähigen Mobilfunktelefonen gegeben ist.

Beweispflichtig für den Zugang sowie für den Zeitpunkt des Zugangs ist derjenige, der sich darauf beruft.[44] Dies ist regelmäßig der Absender einer elektronischen Mitteilung. Der Absender trägt ebenso das Übertragungsrisiko bis zum Zugang der Erklärung. Wird die Nachricht auf dem Übermittlungsweg verändert oder geht unter, so ist dies dem Absender zuzurechnen. Wird die Nachricht erst im Machtbereich des Empfängers verändert oder geht dort unter, ist dies dem Empfäger zuzuordnen.[45]

4.1.5 Einbeziehung von AGB

Unter Allgemeinen Geschäftsbedingungen versteht man gemäß § 1 Abs. 1 S. 1 AGBG alle für eine Vielzahl von Verträgen vorformulierten Vertragsbedingungen, die der Verwender der anderen Vertragspartei bei Abschluß eines Vertrages stellt. Ihre Verwendung beruht auf dem Grundsatz der Vertragsfreiheit. Ein Wertpapierdienstleistungsunternehmen wird in aller Regel mit Privatkunden in eine Geschäftsbeziehung treten. Die Betrachtung des kaufmännischen Geschäftsverkehrs kann daher unterbleiben.

§ 2 AGBG regelt, unter welchen Voraussetzungen AGB gegenüber Verbrauchern Bestandteil eines Vertrages werden. Nach ausdrücklichem Hinweis auf die Verwendung der AGB muß der Kunde sich in

---

[43] Ernst, NJW-CoR 1997, 165, 166; Strömer, S. 112.
[44] Palandt/Heinrichs, § 130 Rn. 21.
[45] Koch, S. 142.

zumutbarer Weise Kenntnis vom Inhalt verschaffen können. Für den elektronischen Wertpapierhandel ist zu klären, inwieweit die Voraussetzungen im Internet zu erfüllen sind. Für die Qualifizierung der wirksamen Einbeziehung in den Vertrag bei online einbezogenen AGB kann wegen der ähnlichen Problemstellungen auf die Rechtsprechung zum BTX zurückgegriffen werden.

4.1.5.1 Hinweis bei Vertragsabschluß

Gemäß § 2 Abs. 1 Nr. 1 AGBG muß der Verwender spätestens bei Vertragsabschluß auf die AGB ausdrücklich hinweisen. § 2 Abs. 2 AGBG gibt die Möglichkeit, unter den Voraussetzungen des Abs. 1, für eine bestimmte Art von Rechtsgeschäften die AGB aus Vereinfachungsgründen im Voraus in sogenannten Rahmenbedingungen zu vereinbaren. Regelmäßig machen Banken davon Gebrauch.[46] Gründe, die diese Praxis für einen Wertpapierdienstleister als nicht zulässig erscheinen lassen, sind nicht ersichtlich. Ein Hinweis auf die AGB kann somit später vor Ausführung jeder einzelnen Wertpapier-Order unterbleiben.

Ein ausdrücklicher Hinweis auf die Verwendung von AGB im Internet ist möglich durch einen deutlichen, nicht versteckten Link, der von der Homepage auf die Seite mit den AGB führt.[47] Zweckmäßigerweise wird der Wertpapierdienstleister bei der Legitimationsprüfung, die bis zur Einführung der digitalen Signatur noch auf dem Postweg durchgeführt werden muß, auf die Verwendung seiner AGB hinweisen und diese in Papierform gleich beilegen.

4.1.5.2 Zumutbare Möglichkeit der Kenntnisnahme

Die Möglichkeit, vom Inhalt der AGB Kenntnis zu nehmen, muß für den Kunden zumutbar sein. Übersendet der Wertpapierdienstleister dem Kunden die AGB mit der Legitimationsprüfung auf dem Postweg, wird

---

[46] Klunzinger, S. 85; Palandt/Heinrichs, § 2 AGBG Rn. 18.
[47] Löhnig, NJW 1997, 1688; Waldenberger, BB 1996, 2365, 2368; LG Bielefeld, NJW-RR 1991, 1145, 1146 (für BTX).

18

dies kaum Probleme bereiten. Voraussetzung ist jedoch, daß die AGB für einen Durchschnittsleser mühelos lesbar sind, ein Mindestmaß an Übersichtlichkeit und einen im Verhältnis zur Bedeutung des Geschäfts vertretbaren Umfang haben.[48] Der Druck der AGB soll eine angemessene lesbare Größe der Schrifttype einhalten, insbesondere aber in schwarzer Farbe auf weißem Grund dargestellt werden. Die AGB sollten nicht erst mit einer Lupe lesbar sein. Fettgedruckte Überschriften hingegen erleichtern die Lesbarkeit.[49] Ein Schriftgrad von 10 ist bei übersichtlicher Gestaltung der Internet-Seite geeignet, die Kriterien an die Lesbarkeit zu erfüllen.

Der Kunde soll sich die AGB auf dem Bildschirm ansehen und ausdrucken können. Ein kostenloses Herunterladen vom Server soll ebenso möglich sein.[50] Die AGB sollen wegen der Bildschirmseitenwechsel nicht unzumutbar lang sein, zwei Seiten erscheinen beim BTX zumutbar.[51] Inwieweit die Anzahl der zumutbaren Seitenzahl für AGB vom BTX auf das Internet zu übertragen ist, ist fraglich. Im Gegensatz zum BTX, wo der Text flüchtig und damit nicht speicherbar ist, hat der Internet-Nutzer die Möglichkeit, die AGB abzuspeichern, auszudrucken und später kritisch zu studieren.

Grundsätzlich gelten im Internet bezüglich der Größe der Schrifttype und der Gestaltung des Druckbildes die gleichen Anforderungen wie bei auf Papier gedruckten AGB. Richtig ist, daß die Anforderungen an die Klarheit der Darstellung wegen unterschiedlicher Qualitäten, Auflösungen und Farbdarstellungen von Bildschirmen höheren Ansprüchen genügen muß.[52]

Entscheidend für die Einbeziehung der AGB ist allein die Möglichkeit der Kenntnisnahme. Ob der Kunde die AGB tatsächlich zur Kenntnis nimmt, ist unerheblich.[53] Waltl[54] hingegen, reicht das bloße Drücken der Return-Taste zur Bestätigung der AGB nicht aus. Er fordert eine bestimmte Tastenkombination, eine Bestätigung nach jeder Bildschirmseite sowie das Stehenbleiben jeder AGB-Seite für eine bestimmte Zeit, um die AGB wirksam in den Vertrag einzubeziehen.

---

[48] Palandt/Heinrichs § 2 AGBG Rn. 13; LG Bielefeld, NJW-RR 1992, 955.
[49] BGH, NJW-RR 1986, 1311, 1312; Mehrings, BB 1998, 2373, 2377.
[50] Koch, S. 68; Löhnig, NJW 1997, 1688, 1689.
[51] LG Bielefeld, NJW-RR 1992, 955.
[52] Waltl, in: Loewenheim/Koch, S. 186.
[53] Mehrings, BB 1998, 2373, 2377; Koch, S. 68.
[54] Waltl, in: Loewenheim/Koch, S. 187.

Um ein Übergehen der AGB-Seiten zu verhindern oder zumindest zu erschweren, sind die Vorschläge sicher geeignet, aus juristischer Sicht jedoch nicht akzeptabel. Unterläßt es der Kunde die AGB zu lesen, die sich hinter einem Link verbergen, so ist dies nicht anders zu beurteilen, als wenn der Kunde es unterlässt, die auf Papier gedruckten AGB zu lesen. AGB sind wegen der Möglichkeit der Kenntnisnahme Vertragsbestandteil geworden.

Da im Internet die maßgebliche Sprache Englisch ist, spricht die Verwendung von AGB in englischer Sprache nicht automatisch gegen die Zumutbarkeit der Kenntnisnahme.[55] Die Zumutbarkeit für andere Sprachen ist zu bejahen, wenn der Verbraucher die Sprache, in der die AGB abgefaßt sind, auch beherrscht.[56]

4.1.5.3 Einverständnis mit Geltung der AGB

Damit die AGB Vertragsbestandteil werden, muß der Kunde mit der Geltung der AGB einverstanden sein. Dies ist regelmäßig der Fall, wenn der Kunde sein Angebot absendet[57] bzw. der Vertragsabschluß zustande kommt.[58]

4.1.6 Widerruf und Anfechtung von Willenserklärungen

Eine unter Anwesenden gemachte Willenserklärung wird mit Zugang wirksam. Nach der sogenannten Vernehmungstheorie ist der Zugang anzunehmen, wenn der Empfänger die Erklärung richtig zur Kenntnis genommen hat.[59] Ein Widerruf ist nicht möglich.[60] Eine Willenserklärung unter Abwesenden hingegen kann bis zu ihrem Zugang gemäß § 130 Abs. 1 S. 2 BGB widerrufen werden. Da der Zugang der Erklärung aufgrund der hohen Übertragungsgeschwindigkeit im Internet nur

---

[55] Koch, S. 86.
[56] Waldenberger, BB 1996, 2365, 2369.
[57] Löhnig, NJW 1997, 1688.
[58] Mehrings, BB 1998, 2373, 2375.
[59] Palandt/Heinrichs, § 130 Rn. 13 f.
[60] Klunzinger, S. 66.

unwesentlich später als die Absendung erfolgt, entfällt de facto die Widerrufsmöglichkeit.[61]

Wird die Erklärung hingegen bei einem Provider zwischengespeichert, so kann sie bis zu dem Zeitpunkt, zu dem sie abrufbar ist, widerrufen werden. Dies geschieht durch Einlegen einer entsprechenden Erklärung in den Speicher. Der Widerruf kann dabei durchaus deutlich später bei dem Anbieter in den Speicher eingehen.[62]

Fehlerhafte Willenserklärungen, die der Erklärende mit dem so geäußerten Inhalt gar nicht abgeben wollte, kann er im Wege der Anfechtung nur dann rückgängig machen, wenn ihm der Irrtum bei der Abgabe der Erklärung unterlaufen ist. Ein Irrtum bei der Willensbildung berechtigt grundsätzlich nicht zur Anfechtung.[63] Eventuelle Schäden hat der Anfechtende nach § 122 Abs. 1 BGB zu ersetzen.

4.1.6.1 Eingabefehler, § 119 Abs.1 BGB

Fehler bei der Eingabe, wie z.B. das Verschreiben bei der Angabe der Stückzahl von Aktien oder eines Zahlendrehers bei der Angabe der WPKN, stellen einen Erklärungsirrtum dar und berechtigen zur Anfechtung der Erklärung nach § 119 Abs. 1, 2. Alt. BGB.[64]

4.1.6.2 Übermittlungsfehler, § 120 BGB

Fehler, die auf dem Übermittlungsweg, nach Verlassen der Absenderschnittstelle und vor Erreichen der Empfängerschnittstelle, im Netz oder im Server entstehen und für Veränderungen an der übermittelten Erklärung verantwortlich sind, berechtigen den Erklärenden zur Anfechtung gemäß § 120 BGB.[65] Fehler, die vor Verlassen der Absenderschnittstelle in dem Machtbereich des Erklärenden entstehen, gehen zu dessen Lasten. Sie berechtigen den Erklärenden zur

---

[61] Mehrings, in: Hoeren/Sieber, Teil 13.1 Rn. 85.
[62] Koch, S. 146; Heun, CR 1994, 595, 599; Fringuelli/Wallhäuser, CR 1999, 93, 99.
[63] Mehrings, in: Hoeren/Sieber, Teil 13.1 Rn. 99.
[64] Heun, CR 1994, 595, 596.
[65] Heun, CR 1994, 595, 596.

Anfechtung nach § 119 Abs. 1, 2. Alt. BGB. Eine fehlerhafte Erklärung, die erst nach Erreichen der Empfängerschnittstelle verändert wird, geht zu dessen Lasten. Eine Bindung des Erklärenden an diese fehlerhafte Erklärung besteht nicht.[66]

4.1.6.3 Fehlerhaftes Datenmaterial

Beruht eine fehlerhafte Erklärung auf der Verwendung fehlerhaften Datenmaterials so handelt es sich nicht um einen Irrtum bei der Abgabe der Erklärung, sondern vielmehr um einen Irrtum bei der Willensbildung. Es handelt sich um einen sogenannten unbeachtlichen Motivirrtum, der nicht zur Anfechtung berechtigt.[67] Dies gilt sowohl für elektronische als auch für automatisierte Erklärungen. Somit geht die Verwendung von veralteten Gebühren- und Preislisten zu Lasten des Wertpapierdienstleisters und befreit ihn nicht von der Wirkung einer fehlerhaften Erklärung.

4.1.6.4 Systemfehler

Die Ursachen von Systemfehlern sind, neben Fehlern in der Hardware, hauptsächlich Fehler in der Software.[68] Da eine automatisierte Computererklärung erst durch die Software erzeugt wird, entspricht ein auftretender Fehler einem Irrtum in der Willensbildung.[69] Dieser berechtigt regelmäßig nicht zur Anfechtung. Somit werden Orders, die mit fehlerhafter Software unrichtige Kurswerte oder Anteilspreise erstellen, zu diesem Kurs bzw. Preis abgerechnet.

---

[66] Mehrings, in: Hoeren/Sieber, Teil 13.1 Rn. 109 f.
[67] Heun, CR 1994, 595, 596.
[68] Hüesker, Gespräch vom 20.9.2000.
[69] Heun, CR 1994, 595, 596; Mehrings, in: Hoeren/Sieber, Teil 13.1 Rn. 103 ff.

4.1.7 Haustürwiderrufsgesetz (HWiG)

Das HWiG soll den Kunden vor dem für Haustürgeschäfte typischen „Überrumpelungseffekt"[70] schützen. Daran fehlt es im Allgemeinen bei Internet-Geschäften, da der Kunde sich aus eigenem Antrieb auf eine Internet-Seite begibt. In Ausnahmefällen, z.B. bei überraschenderweise auftretender Werbung, soll das HWiG zur Anwendung kommen.[71] Insbesondere beim Online-Wertpapierhandel ist jedoch von einer Verleitung zu einem übereilten Vertragsabschluß durch den Wertpapierdienstleister nicht auszugehen. Folglich findet das HWiG regelmäßig keine Anwendung.[72]

4.1.8 Richtlinie über den Fernabsatz von Finanzdienstleistungen

Finanzgeschäfte, insbesondere Finanz- und Wertpapierdienstleistungen sowie deren Vermittlung, sind vom Anwendungsbereich des seit 1. Juli 2000 geltenden Fernabsatzgesetzes ausgeschlossen. Da gleichwohl ein hohes Verbraucherschutzniveau im Fernabsatz von Finanzdienstleistungen angestrebt wird,[73] hat die Europäische Kommission einen Vorschlag für eine Richtlinie über den Fernabsatz von Finanzdienstleistungen (FFernAbsRL) unterbreitet.

Nach Art. 1 a) FFernAbsRL ist Ziel dieser Richtlinie, die Angleichung der Rechts- und Verwaltungsvorschriften der Mitgliedstaaten über den Fernabsatz von Finanzdienstleistungen an Verbraucher. Dem Verbraucher soll Zugang zu einem breiten Angebot an Finanzdienstleistungen über die Landesgrenzen hinaus gewährt werden, um so das reibungslose Funktionieren des Binnenmarktes zu unterstützen.[74] Insbesondere das Vertrauen der Verbraucher in den elektronischen Geschäftsverkehr für Finanzdienstleistungen soll gestärkt werden.[75]

---

[70] BGH, NJW 1992, 1889.
[71] Waldenberger, BB 1996, 2365, 2367.
[72] Moritz, CR 2000, 61, 63.
[73] Erwägungsgrund 1 und 9 d. FFernAbsRL.
[74] Erwägungsgrund 3 und 4 d. FFernAbsRL.
[75] Erwägungsgrund 5 d. FFernAbsRL.

Unter Vertragsabschluß im Fernabsatz versteht Art. 2 a) FFernAbsRL einen über Finanzdienstleistungen geschlossenen Vertrag, der ausschließlich unter Verwendung von Fernkommunikationstechniken, z.B. Internet, zustande kommt. Der Verbraucher ist gemäß Art. 3 Nr. 1 FFernAbsRL vor Vertragsabschluß unter anderem über die Anschrift des Anbieters, über die Merkmale und den Preis der Finanzdienstleistung zu informieren. Dies kann in der Form geschehen, daß die Informationen auf der Homepage zur Verfügung gestellt werden.

Art. 3a Nr. 1 FFernAbsRL verpflichtet den Anbieter, seinem Kunden die Vertragsbedingungen und Vorabinformationen nach Vertragsabschluß dauerhaft zur Verfügung zu stellen, sodaß der Verbraucher die Möglichkeit hat, das Bedingungswerk eingehend zu studieren. Ähnlich dem Versicherungsrecht räumt Art. 4 FFernAbsRL dem Verbraucher ein Widerrufsrecht von 14 bis 30 Tagen ein, abhängig von der Umsetzung durch die Mitgliedstaaten. Die Frist beginnt an dem Tag des Vertragsabschlusses bzw. an dem Tag, an dem der Verbraucher alle Vertragsbedingungen und -informationen erhalten hat.

Ein Wertpapierdienstleister, der den Vertragsabschluß oder die Vermittlung über das Internet abwickelt, für die Aufklärungs- oder Beratungstätigkeit aber einen Außendienst unterhält, fällt nicht unter den Anwendungsbereich der Richtlinie.

Insgesamt ist die Schaffung einer Richtlinie über den Fernabsatz von Finanzdienstleistungen zu begrüßen, wenngleich zu kritisieren ist, daß sie erst 2002, also drei Jahre nach Umsetzung der Richtlinie für alle anderen Vertragsabschlüsse im Fernabsatz, in nationales Recht umgesetzt sein wird. Für den Verbraucherschutz, aber auch als Signal für die Bedeutung der Finanzdienstleistungen für den Binnenmarkt, wäre eine zeitgleiche Umsetzung mit der Fernabsatz-Richtlinie wünschenswert gewesen.

4.1.9 Richtlinie über den elektronischen Geschäftsverkehr

Die Richtlinie 2000/31/EG des Europäischen Parlaments und des Rates vom 8. Juni 2000 über bestimmte rechtliche Aspekte der Dienste der Informationsgesellschaft, insbesondere des elektronischen Geschäftsverkehrs, im Binnenmarkt, kurz: Richtlinie über den elektronischen Geschäftsverkehr (RLeG), hat das Ziel, einen einheitlichen Rahmen zur Nutzung des elektronischen Geschäftsverkehrs zwischen den Mitgliedstaaten zu schaffen.[76] Der elektronische Geschäftsverkehr soll die Möglichkeiten des Binnenmarktes künftig voll nutzen.

Art. 9 Abs. 1 RLeG verpflichtet die Mitgliedstaaten, Vertragsabschlüsse auf elektronischem Wege rechtlich wirksam zu ermöglichen. Dazu sind die bestehenden Rechtsvorschriften an die Erfordernisse der elektronischen Form anzugleichen.

Bestimmte Verträge können von den Mitgliedstaaten vom elektronischen Vertragsabschluß ausgenommen werden. Hierzu gehören nach Art. 9 Abs. 2 RLeG Immobilienverträge, Verträge an denen Gerichte oder Behörden beteiligt sind sowie Bürgschaftsverträge und Verträge im Bereich des Familien- oder des Erbrechts.

Die RLeG ist bis zum 16. Januar 2002 in nationales Recht umzusetzen.

4.2 Zurverfügungstellen der Verkaufsunterlagen

Gemäß § 19 Abs. 1 S. 1, 2 KAGG und § 3 Abs. 1 S. 1 AuslInvestmG besteht die Verpflichtung, dem Erwerber von Investmentanteilen, einen datierten Verkaufsprospekt, die Vertragsbedingungen, den gültigen Rechenschaftsbericht und gegebenenfalls den Halbjahresbericht zur Verfügung zu stellen. Eine Durchschrift des Antrags auf Vertragsabschluß mit dem Hinweis auf die Höhe des Ausgabeaufschlags sowie die jährlich zu zahlenden Kosten, ist ihm auszuhändigen. Der Verkaufsprospekt ist Bestandteil der Aufklärungspflicht und gibt über die für eine Kaufentscheidung wesentlichen Fragen Auskunft.[77]

An wen sich § 19 KAGG als Adressaten richtet, geht aus diesem nicht klar hervor. § 20 Abs. 1 S. 1 KAGG, der sich auf § 19 KAGG bezieht, nennt den Adressaten hingegen ausdrücklich. Adressaten der Verpflichtung sind demnach Kapitalanlagegesellschaften und diejenigen, die Anteilscheine im eigenen Namen gewerbsmäßig verkaufen. Hierunter fallen insbesondere Vertriebsgesellschaften sowie deren Berater, die Vertragsabschlüsse über Investmentanteile oder

---

[76] Erwägungsgrund 8 der RLeG.
[77] Assmann, in: Assmann/Schütze, § 7 Rn. 8.

Investment-Sparverträge tätigen. Die Anlagevermittlung ist vom § 19 KAGG nicht betroffen. Diese Ausnahme erscheint sachgerecht, da ansonsten jeder Vermittler von allen gängigen Investmentfonds die Verkaufsunterlagen zur Verfügung halten müßte, was einen unverhältnismäßigen Aufwand bedeuten würde. Die Verpflichtung, die Verkaufsunterlagen zur Verfügung zu stellen, trifft daher die Kapitalanlagegesellschaft.[78] Diese Verpflichtung wird dem Vermittler in der Praxis regelmäßig durch die Vertriebsvereinbarung von der Kapitalanlagegesellschaft auferlegt.[79]

Da der genaue Zeitpunkt des Zurverfügungstellens im Gesetz nicht genannt ist, ist dafür grundsätzlich auch der Zeitpunkt unmittelbar vor der Unterschrift zulässig. Der Verkaufsprospekt muß gemäß § 2 Abs. 2 KAGG alle Angaben enthalten, die im Zeitpunkt des Erwerbs für die Beurteilung der Anteilscheine von wesentlicher Bedeutung sind. Damit dient er dem Anleger als wichtiges Mittel zur Entscheidungsfindung. Folglich ist der Prospekt so rechtzeitig zur Verfügung zu stellen, daß er zur Meinungsbildung herangezogen werden kann. Einige Stunden werden regelmäßig nicht reichen. Abzustellen ist auf die Situation im Einzelfall.[80] Empfohlen wird, dem Anleger die Unterlagen mindestens einen Tag vor Vertragsabschluß zur Verfügung zu stellen.

Da auf das Zurverfügungstellen und nicht auf das Aushändigen der Unterlagen abgestellt wird, kann die Verpflichtung auch im Internet erfüllt werden. Ähnlich den AGB soll der Anleger die Verkaufsunterlagen per Mausklick auf ein deutlich sichtbares Link aufrufen und ausdrucken können. Ob er davon tatsächlich Gebrauch macht, ist unerheblich. Es ist allein auf die Möglichkeit abzustellen. Im Übrigen gelten bezüglich der Gestaltung und der Lesbarkeit das bereits zu den AGB Gesagte.[81] Der Wertpapierdienstleister sollte sich vom Anleger durch eine Klausel bestätigen lassen, daß er ihm die Verkaufsunterlagen zur Verfügung gestellt hat. Unterläßt der Wertpapierdienstleister diese Bestätigungsklausel, läuft er Gefahr, daß er aufgrund fehlender wesentlicher Angaben in die Prospekthaftung gemäß § 20 Abs. 1 KAGG gerät.[82]

---

[78] Baur, § 19 Rn. 13.
[79] Altmeyer, Gespräch vom 15.09.2000.
[80] Baur, § 19 Rn. 15.
[81] Kap. 4.1.5.
[82] Baur, § 19 Rn. 17.

Einem Kauf von Investmentanteilen im Internet könnte die Verpflichtung zur Aushändigung der Antragsdurchschrift entgegenstehen. Die Formulierung des § 19 Abs. 1 S. 3 KAGG läßt darauf schließen, daß der Gesetzgeber beim Erwerb von Investmentanteilen an ein Geschäft unter Anwesenden gedacht hat. Eine Regelung, wie bei schriftlichen, telefonischen oder elektronischen Anträgen zu verfahren ist, trifft das Gesetz nicht. Da der Antrag des Anlegers auch formfrei, d.h. auch auf elektronischem Weg, erfolgen kann, ist davon auszugehen, daß anstatt der Antragsdurchschrift mit den Hinweisen auf Ausgabeaufschlag und Vergütung auch eine andere Möglichkeit der Mitteilung ausreicht. Eine Zusendung der Antragsdaten per Post ist möglich.[83] Der Internet-Wertpapierdienstleister sollte dem Anleger ermöglichen, seinen Antrag ausdrucken zu lassen.

4.3 Identität des Vertragspartners

Ein Wertpapierdienstleister, der für Kunden ein Konto führt, hat sich nach § 154 Abs. 2 AO zuvor Gewißheit über die Person und Anschrift des Verfügungsberechtigten zu verschaffen. Darüber hinaus muß ein Wertpapierdienstleister, wie jeder andere im Geschäftsverkehr, auf die Identität seiner Kunden vertrauen können. D.h. er muß sicher sein können, daß derjenige auch die Person ist, die sie vorgibt zu sein.

4.3.1 Legitimation über PostIdent

Eine Identifikation des Kunden ist bis heute online nicht möglich, sondern nur durch persönliche Legitimation. Dies geschieht in der Regel bei der Eröffnung eines Kontos in der Bankfiliale durch Vorlage eines Personalausweises oder Reisepasses. Ein Wertpapierdienstleister, der keine Filiale hat, läßt die Identitätsfeststellung über das sogenannte PostIdent-Verfahren durchführen.

---

[83] Baur, § 19 Rn. 18.

Das Postldent-Verfahren[84] ist ein Verfahren in Zusammenarbeit mit der Deutschen Post AG. Es kann in jeder Filiale der Deutschen Post AG durchgeführt werden.

Der Kunde bekommt die notwendigen Unterlagen zusammen mit dem Kontoeröffnungsantrag vom Wertpapierdienstleister zugeschickt. Dies sind im Einzelnen: zwei Coupons „Postldent", ein Briefkuvert „Vertraulich" und ein an den Wertpapierdienstleister adressiertes Antwortkuvert. In das Briefkuvert „Vertraulich" steckt der Kunde den ausgefüllten Kontoeröffnungsantrag und verschließt ihn. Mit diesem Kuvert, den o.g. Unterlagen sowie seinem gültigen Personalausweis oder Reisepass begibt er sich nun in eine Filiale der Deutschen Post AG. Gegen Vorlage des Coupons „Postldent", der der Kostenerstattung dient, füllt der Postmitarbeiter nun ein separates Formular zur Identitätsfeststellung mit den Daten aus dem vorgelegten Legitimationspapier aus. Dieses Formular wird in Gegenwart des Postmitarbeiters vom Kunden unterschrieben. Anschließend steckt der Mitarbeiter das Formular und das Briefkuvert „Vertraulich" in das Antwortkuvert und sendet es auf dem Postweg an den Wertpapierdienstleister.

4.3.2 Zugangssicherung

Möchte der Kunde nach erfolgter Kontoeröffnung Wertpapier-Orders tätigen, muß er zuvor seine Zugangsberechtigung nachweisen. Hier werden drei grundsätzliche Sicherheitsmechanismen zur Zugangssicherung unterschieden:

• Überprüfung inhaberbezogener Kriterien auf Softwarebasis

(Paßwort, PIN),

• Überprüfung inhaberbezogener Kriterien auf Hardwarebasis

(Chipkarte),

• Überprüfung personenbezogener Kriterien

---

[84] Consors, Broschüre „So macht man heute Wertpapiereschäfte", S. 12.

(Fingerabdruck, Augenlinse).[85]

4.3.2.1 Inhaberbezogene Kriterien auf Softwarebasis

Die Überprüfung der Zugangsberechtigung geschieht zur Zeit regelmäßig durch Eingabe der Kontonummer und einer vier- oder fünfstelligen Geheimzahl, der sogenannten PIN. Diese wird dem Kunden nach erfolgter Kontoeröffnung mit separater Post zugeschickt. Nach dem Einloggen hat der Kunde nun die Möglichkeit, seine Kontostände abzufragen. Um Kauf- oder Verkaufsaufträge von Investmentanteilen oder Aktien durchführen zu können, ist es erforderlich, daß er die Order mit einer sogenannten TAN bestätigt. Auch diese TAN werden dem Kunden vorher mit separater Post zugesandt. Jede TAN kann nur einmal benutzt werden, danach ist sie ungültig.[86] Man bezeichnet sie auch als Einweg-Paßwörter. Sie bieten eine hohe Sicherheit, verursachen aber einen hohen Verwaltungsaufwand, da dem Kunden regelmäßig, zumindest aber nach Verbrauch, neue Paßwörter ausgegeben werden müssen.[87] Anstelle der TAN kann der Wertpapierdienstleister die Transaktion auch durch ein Mehrweg-Paßwort bestätigen lassen.[88]

PIN und Paßwörter können, zumindest bei unverschlüsselter Übermittlung, relativ leicht von Eindringlingen, sogenannten Hackern, abgehört werden. Darüber hinaus gibt es spezielle Programme, die Paßwörter systematisch ausprobieren. Um es diesen Programmen so schwierig wie möglich zu machen, sollte der Kunde einige Regeln beachten. Ein gutes Paßwort sollte aus mindestens sechs Zeichen, einer Mischung aus Groß- und Kleinbuchstaben und Zahlen bestehen. Es sollte weder ein Wort noch eine Gruppe benachbarter Zeichen, z.B. „asdfgh", sein. Empfehlenswert ist es, die Anfangsbuchstaben der Wörter eines ungewöhnlichen Satzes zu nehmen.[89] In Erweiterung des Paßwortes spricht man auch von einer sogenannten Passphrase.[90] Aus dem Satz „Die Rendite evibriert gegen 9 Prozent" ergibt sich die nicht

---

[85] Klaus, S. 115 f.
[86] Beschreibung in Anlehnung an den Online-Banking-Service der Deutschen Bank 24.
[87] Sietmann, S. 88 f.
[88] So z.B. bei der Direkt Anlage Bank.
[89] Krol, S. 52.
[90] Deville/Kalthegener, NJW-CoR 1997, 168, 169.

ganz alltägliche Passphrase: „DReg9P". Um die Sicherheit zu gewährleisten, sollte der Kunde PIN bzw. Paßwort oder Passphrase nicht speichern und in unregelmäßigen, nicht zu langen Abständen verändern.

4.3.2.2 Inhaberbezogene Kriterien auf Hardwarebasis

Bei dem sogenannten Challenge/Response-Verfahren legitimiert sich der Kunde über eine Smard-Card, auf der sich ein bestimmter Algorithmus befindet. Zum Einloggen in das System sendet der Rechner des Wertpapierdienstleisters dem Rechner des Kunden eine zufällig ausgewählte Zahl, die sogenannte Challenge. Die Smart-Card errechnet nach einem bestimmten Schlüssel eine Antwortzahl, die sogenannte Response und übermittelt sie an das System des Wertpapierdienstleisters. Hier wird nach dem gleichen Schlüssel eine Antwortzahl ermittelt und mit der Response des Kunden verglichen. Nur wenn beide Zahlen gleich sind, wird der Zugang gewährt. Die offen übermittelten Antwortzahlen nutzen einem Hacker recht wenig, da nach dem Zufallsprinzip unterschiedliche Challenge-Zahlen gesendet werden. Der Algorithmus, der die Verschlüsselung vornimmt, befindet sich auf der Hardware und wird nicht übermittelt. Aktiviert wird die Smart-Card in der Regel über ein Paßwort.[91]

4.3.2.3 Personenbezogene Kriterien

Bei den personenbezogenen Sicherheitssystemen,[92] den sogenannten biometrischen Verfahren, legitimiert der Kunde sich über seinen Fingerabdruck oder seine Augenlinse. Die über einen Scanner bzw. eine Minikamera erhaltenen Merkmale werden mit den gespeicherten Daten auf einer Chipkarte verglichen. Stimmen sie überein, wird der Zugang gewährt. Da keine zwei identischen Fingerabdrücke oder Augenlinsen existieren und auch Manipulationen praktisch ausgeschlossen sind, bieten diese Systeme eine extrem hohe Sicherheit. In den USA sind sie bereits in Gefängnissen und bei der Auszahlung der Sozialhilfe im

---

[91] Sietmann, S. 88.
[92] Klaus, S. 116.

Einsatz. Im Privatkundenbereich der Banken haben sie sich noch nicht durchgesetzt.[93]

Eine weitere Möglichkeit der Kundenautorisierung ist die sogenannte Geste. Hierbei erfolgt die Autorisierung über eine individuelle Bewegung mit der Maus. Vorab müssen auch hier einige Daten bezüglich der Geschwindigkeit, der Dauer der Bewegung, der Richtungswechsel u.ä. gespeichert werden. Aufgrund der Vielzahl der gespeicherten Daten und der engen Toleranzgrenzen, ist eine Imitation praktisch ausgeschlossen.[94]

4.4 Authentizität, Integrität und Vertraulichkeit der Nachricht

Der Wertpapierhandel im Internet läuft über die offenen Netze des World Wide Web. Somit hat jeder Zugriff auf die übermittelten Daten. Ein Lesen oder Verändern der Daten ist möglich, ohne Spuren zu hinterlassen. Der Wertpapierdienstleister muß bei der Online-Abwicklung Gewißheit haben über die Authentizität und Integrität der ihm übermittelten Erklärungen. D.h. er muß sicher sein können, daß die Erklärung auch tatsächlich von dem genannten Absender stammt und unverfälscht bei ihm ankommt.[95] Um die Authentizität und Integrität übermittelter Nachrichten sicherzustellen und darüber hinaus ein bloßes Mitlesen zu verhindern, werden Erklärungen verschlüsselt übertragen.

4.4.1 Verschlüsselungsverfahren

Bei der Verschlüsselung, auch Kryptographie genannt, werden Nachrichten mit Hilfe eines Schlüssels, z.B. einer mathematischen Formel, so verändert, daß sie während der Übertragung nicht zu lesen sind. Der Empfänger kann die Nachricht nur entschlüsseln, sofern er

---

[93] Gröndahl, ftd v. 8.5.2000, S. 4.
[94] Klaus, S. 135 f.
[95] Waldenberger, BB 1996, 2365; Moritz, CR 2000, 61, 62.

31

über den entsprechenden Schlüssel verfügt.[96] Hier sollen nur grundlegende Unterschiede betrachtet werden.[97]

4.4.1.1 Symmetrische Verfahren

Symmetrische Verfahren verwenden sowohl für die Verschlüsselung als auch für die Entschlüsselung denselben Schlüssel. Sie heißen auch Secret-Key-Algorithmus.[98]

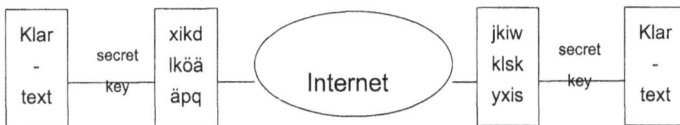

Abb. 1: Das Prinzip der symmetrischen Verschlüsselung

Der Schlüssel muß allen an der Kommunikation Beteiligten bekannt sein. Dies zu gewährleisten kann, insbesondere bei einer unbegrenzten Anzahl von Kommunikationspartnern, schwierig sein, da der Schlüssel auf einem sicheren Weg ausgetauscht werden muß. Mit steigender

---

[96] Laga, S. 142 f.
[97] Smith stellt verschiedene Verschlüsselungsverfahren sehr ausführlich dar. Weitere ausführliche Darstellungen finden sich unter http://www.thur.de/home/ulf/krypto/pgp.html und http://www.uni-siegen.de/security/krypto/pgp.html.
[98] Smith, S. 52.

Teilnehmerzahl erhöht sich das Risiko, daß der Schlüssel bekannt wird. Symmetrische Verfahren sind leicht angreifbar und nur mit großem Aufwand zu verwalten. Aus diesem Grund werden symmetrische Verfahren oft nur zur Verschlüsselung zwischen zwei Parteien benutzt.[99]

Exemplarisch seien hier DES (Data Encryption Standard), Triple-DES, IDEA (International Data Encryption Algorithm), RC4 (Rivest Cipher 4) sowie Skipjack als bekannte und wichtige symmetrische Verschlüsselungsalgorithmen genannt.[100]

4.4.1.2 Asymmetrische Verfahren

Asymmetrische Verfahren, auch Public-Key-Kryptographie genannt, verwenden für die Verschlüsselung und für die Entschlüsselung zwei unterschiedliche Schlüssel. Jeder Benutzer erhält einen öffentlichen, für jedermann zugänglichen Schlüssel, den sogenannten „public key" und einen geheimen Schlüssel, den sogenannten „private key".[101]

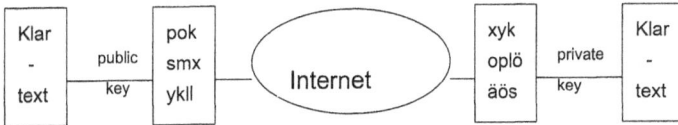

Abb. 2: Das Prinzip der asymmetrischen Verschlüsselung

Der Absender verschlüsselt seine Nachricht mit dem öffentlichen Schlüssel des Empfängers. Der Empfänger kann die Nachricht nur mit seinem geheimen Schlüssel entschlüsseln. Allein aus Kenntnis des öffentlichen Schlüssels oder mit einem anderen geheimen Schlüssel läßt sich der Klartext der Nachricht nicht ermitteln.[102] Diesen Vorgang kann

---

[99] Klaus, S. 118.
[100] Smith, S. 72 ff. mit ausführlicher Darstellung.
[101] Laga, S. 146.
[102] Laga, S. 146 f.; zur Vertiefung und Darstellung weiterer Verfahren vgl. Smith, S. 211 ff.

man mit dem Geldabheben am Geldautomaten vergleichen. Die Kontonummer, für jeden zugänglich, entspricht dem öffentlichen Schlüssel, während erst die PIN als privater Schlüssel das Geldabheben, sprich das Lesen der Nachricht ermöglicht.[103]

4.4.1.3 HBCI-Standard

Das HBCI-Verfahren (Homebanking Computer Interface) ist ein asymmetrisches Verschlüsselungsverfahren speziell für das Internet-Banking. Es handelt sich um ein doppelt gesichertes Verschlüsselungsverfahren. Es gibt zwei verschiedene Schlüsselpaare mit denen die Daten codiert werden. Jede Transaktion wird per Chipkarte über ein Lesegerät mit einer digitalen Signatur[104] versehen. Anschließend wird die Transaktion verschlüsselt über das Internet an den Wertpapierdienstleister geschickt. Vorab muß der Kunde sich über eine PIN legitimieren.[105]

Unter der Koordination des Zentralen Kreditausschusses (ZKA) haben sich aktuell 14 Banken auf den neuen Sicherheitsstandard geeinigt. Vier bieten diesen Standard allerdings erst ihren Kunden an.[106]

4.4.2 Weitere Sicherheitsvorkehrungen

Computerviren, die „Datenmonster aus dem Web"[107], vernichten durch ihren Befall Dateien und verursachen so Milliardenschäden,[108] die Unternehmen an den Rand des Ruins bringen. Gab es 1986 erst einen bekannten Computervirus, so sind heute mehr als 52.000 (!) Computerviren bekannt. Jeden Monat kommen ca. 500 neue Virenprogramme hinzu. 56% der Viren verbreiteten sich 1999 durch E-

---

[103] Sietmann, S. 94.
[104] Kap 4.5.5.
[105] Birkelbach, S. 52 ff.; Anderer, HB v. 26.5.1998, S. 38.
[106] Storz, HB v. 26./27.5.2000, S. 10.
[107] Gotta, HB v. 19.6.2000, S. 56.
[108] Allein d. als Liebesbrief getarnte Virus „ILOVEYOU" verursachte am 4.5.2000 Schäden in Höhe v. 700 Millionen US-$ oder 1,4 Milliarden DM, Schubert, HB v. 18.5.2000, S. 66.

Mail-Anhänge gegenüber 32% in 1998.[109] Obwohl die Anti-Viren-Programme vor allen bekannten und bis zu 80% der unbekannten Viren schützen, werden sie noch zu wenig genutzt. Sie überprüfen Datei- und Programmcode auf Viren. Dabei vergleichen sie die Daten von Festplatte, Hauptspeicher und Boot-Bereich mit einer sogenannten Musterbibliothek, um die Viren zu erkennen.[110]

Die Firewall-Technik schützt die Unternehmensinfrastruktur vor nicht autorisierten Eindringlingen. Sie ist eine Schwelle, die erfolgreich überwunden werden muß, wenn mit einem Teilnehmer innerhalb des geschützten Standorts kommuniziert werden soll. Jede Kommunikation führt über den Firewall. Während potentielle Angreifer durch Zugriffsbeschränkungen vom Standort ferngehalten werden, können Benutzer aus dem geschützten Standort jederzeit Zugriff auf Internet-Dienste nehmen. Neben Paketfiltern, die die in Paketen ankommenden Daten auf Informationen über Absender und Empfänger überprüfen, untersuchen Anwendungs-Gateways die Inhalte der einzelnen Datenpakete.[111]

Trotz der Gefahren aus dem weltweiten Netz, befindet sich der größte Gefahrenherd im Unternehmen selbst. Bis zu 90% der Schäden in Netzwerken haben ihre Ursache in fehlerhafter Bedienung, Unachtsamkeit oder schlicht Diebstahl. Neben der Implementierung eines Sicherheitsmanagements sollten Mitarbeiter über Gefahren und Verhaltensregeln, insbesondere im Umgang mit elektronischer Post, informiert werden. E-Mails, die nicht zweifelsfrei zugeordnet werden können, sollten nicht auf dem Arbeitsplatz-PC geöffnet werden. Der Einsatz von signierter E-Mail oder Paßwörtern wird empfohlen.[112]

---

[109] Schubert, HB v. 18.5.2000, S. 66.
[110] Grund-Ludwig, HB v. 19.6.2000, S. 57; Gotta, HB v. 19.6.2000, S.56.
[111] Smith, S. 193 ff.
[112] Grund-Ludwig, HB v. 19.6.2000, S. 57.

4.5 Elektronische Unterschrift

4.5.1 Funktionen der Unterschrift

Von wenigen Ausnahmen abgesehen, z.b. Grundstückserwerb, § 313 BGB, Schenkung, § 518 Abs. 1 BGB, herrscht in Deutschland Formfreiheit bei Abschluß von Rechtsgeschäften, d.h. Rechtsgeschäfte können auch in anderer als der schriftlichen Form abgeschlossen werden. Es kann die mündliche Form oder eine andere gewählt werden. Dies gilt auch für Wertpapier-Geschäfte. Und doch werden viele Verträge durch gewillkürte Schriftform[113] geschlossen. Das bedeutet, daß sich beide Vertragsparteien auf die schriftliche Form, d.h. Unterzeichnung durch eigenhändige Unterschrift, geeinigt haben. Mit der eigenhändigen Unterschrift sind fünf Funktionen verbunden. Dies sind im Einzelnen die Echtheits-, die Identitäts-, die Abschluß-, die Warn-, und die Beweisfunktion.[114]

Die **Echtheitsfunktion** wird insofern erbracht, als davon ausgegangen wird, daß Änderungen, die in einer unterschriebenen Erklärung in verkörperter Form vorgenommen werden, sofort erkannt werden.

Die **Identitätsfunktion** wird insofern erbracht, als davon ausgegangen wird, daß die Namensunterschrift einer bestimmten Person zuverlässig und eindeutig zugeordnet werden kann.

Die **Abschlußfunktion** wird insofern erbracht, als der Unterzeichner durch das „Unter-Schreiben" eine Erklärung „abschließt" und somit dokumentiert, daß er die Erklärung zum Inhalt seiner Willenserklärung machen will.

Die **Warnfunktion** wird insofern erbracht, als dem Unterzeichner durch Erbringen der Unterschrift deutlich werden muß, daß er etwas rechtlich Erhebliches tut, über deren Konsequenzen er sich im Klaren sein muß.

---

[113] § 127 BGB.
[114] Mertes/Zeuner, in: Hoeren/Sieber, Teil 13.3 Rn. 27 ff.

36

Die **Beweisfunktion** wird insofern erbracht, als eine Willenserklärung auf Papier verkörpert wird und sich somit bei späteren Streitigkeiten als Beweismittel verwenden läßt.

Die elektronische Unterschrift ist das Äquivalent zur handschriftlichen Unterschrift im Zeitalter der Informations- und Kommunikationstechnik. Sie muß bei einer gleichen rechtlichen Bewertung letztlich auch die gleichen Funktionen erfüllen wie die Unterschrift auf Papier.

4.5.2 Richtlinie für elektronische Signaturen (RLeS)

Die Richtlinie 1999/93/EG des Europäischen Parlaments und des Rates über gemeinschaftliche Rahmenbedingungen für elektronische Signaturen (RLeS) wurde am 13. Dezember 1999 vom Europäischen Rat verabschiedet. Sie muß von den Mitgliedstaaten bis spätestens 19. Juli 2001 in nationales Recht umgesetzt werden.[115]

Zielsetzung der RLeS ist die Gleichstellung der elektronischen Signatur mit der handschriftlichen Unterschrift hinsichtlich ihrer Rechtswirkung[116] und Beweiskraft[117]. Die RLeS soll die gemeinschaftsweite Verwendung und rechtliche Anerkennung der elektronischen Signatur fördern[118] und mit ihren Vorgaben das Vertrauen und die Akzeptanz in die elektronische Signatur und damit in den elektronischen Rechts- und Geschäftsverkehr im Binnenmarkt stärken.[119]

Die RLeS hat einen allgemeinen Anwendungsbereich und umfasst verschiedene Signaturverfahren. Sie definiert ganz allgemein die elektronische Signatur. Die RLeS unterscheidet zwischen der „einfachen" elektronischen und der fortgeschrittenen elektronischen Signatur. So versteht Art. 2 Nr. 1 RLeS unter einer elektronischen Signatur Daten in elektronischer Form, die anderen elektronischen Daten beigefügt oder logisch mit ihnen verknüpft sind und so die Echtheit der Daten gewährleisten.

---

[115] Art. 13 RLeS.
[116] Erwägungsgrund 20 RLeS.
[117] Erwägungsgrund 21 RLeS.
[118] Art. 1 S. 1 RLeS.
[119] Erwägungsgrund 4 RLeS.

Die fortgeschrittene elektronische Signatur ist darüber hinaus nach Art. 2 Nr. 2 RLeS ausschließlich dem Unterzeichner zugeordnet und erlaubt so die eindeutige Identifizierung des Unterzeichners. Sie wird mit Mitteln erzeugt, die sich ausschließlich unter der Kontrolle des Unterzeichners befinden. Die Verknüpfung von fortgeschrittener elektronischer Signatur und zu unterzeichnender Daten wird so durchgeführt, daß eine nachträgliche Veränderung dieser Daten offensichtlich wird.

Die fortgeschrittene elektronische Signatur wird, sofern sie die Anforderungen an qualifizierte Zertifikate nach Anhang I der RLeS erfüllt, durch Art. 5 Abs. 1 RLeS der handschriftlichen Unterschrift rechtlich gleichgestellt und in Gerichtsverfahren als Beweismittel zugelassen. Die Anforderungen an qualifizierte Zertifikate werden im Wesentlichen auch schon von § 7 SigG (Inhalt von Zertifikaten) gefordert und stellen insofern kein Problem für die Umsetzung der RleS durch den deutschen Gesetzgeber dar.

Die RLeS läßt die fortgeschrittene elektronische Signatur unter den in den Anhängen genannten Voraussetzungen zwar als Beweismittel zu, kennt den Begriff der Sicherheitsvermutung aus § 1 Abs. 1 SigG jedoch nicht. Der Anwender hat im einzelnen Rechtsstreit nachzuweisen, daß eben diese Voraussetzungen erfüllt sind. Dies kann mitunter, gerade im grenzüberschreitenden Verkehr, sehr schwierig bis unmöglich werden.[120]

Der „einfachen" elektronischen Signatur kommt diese Rechtswirkung und Zulässigkeit als Beweismittel nicht automatisch zu. Ihr kann die Gleichstellung mit der handschriftlichen Unterschrift jedoch nur nach konkreter Prüfung im Einzelfall und bei mangelnder Sicherheit verweigert werden.[121] Dazu reicht allein die Tatsache, daß sie bspw. nicht auf einem qualifizierten Zertifikat beruht, nach Art. 5 Abs. 2 RLeS nicht aus. Die „einfache" elektronische Signatur wird ebenfalls vorab nicht überprüft. Sie bietet zwar insgesamt einen geringeren Sicherheitsstandard, erscheint aber bei geringen Kosten und geringem Aufwand für die meisten Geschäftskontakte ausreichend.[122]

---

[120] Roßnagel, MMR 1999, 261, 265.
[121] Gravesen/Dumortier/Eecke, MMR 1999, 577, 579.
[122] Roßnagel, MMR 1999, 261, 266.

Darüber hinaus haben nach Art.1 S. 3 RLeS einzelstaatliche Formvorschriften Vorrang. De facto wird die Rechtswirkung somit letztlich durch die nationale Rechtsordnung festgelegt.[123]

4.5.3 Gesetz zur digitalen Signatur (SigG)

Das am 1. August 1997 als Art. 3 des IuKDG in Kraft getretene Gesetz zur digitalen Signatur soll bis zum 1. Januar 2001 durch das Gesetz über Rahmenbedingungen für elektronische Signaturen abgelöst werden. Beide Gesetze werden als Signaturgesetz (SigG) bezeichnet. Dort, wo es notwendig ist, wird nachfolgend zwischen alter Fassung (a.f.) und neuer Fassung (n.F.) unterschieden. Zur Zeit liegt das SigG n.F. als Entwurf vor. Dieser Entwurf wurde im August 2000 im Bundestag verabschiedet. Er soll noch im Herbst 2000 im Bundesrat verabschiedet werden. Der Gesetzentwurf dient der Umsetzung der RLeS, die spätestens am 19. Juli 2001 abgeschlossen sein muß. Das SigG a.F. setzte die RLeS in den wesentlichen Punkten bereits um, sodaß keine gravierenden Änderungen notwendig waren. Der Gesetzgeber war jedoch gehalten, die Definitionen des Art. 2 RLeS in das Gesetz aufzunehmen. Soweit nicht gesondert gekennzeichnet beziehen sich Begriffsbezeichnungen auf das SigG n.F.. Der Entwurf berücksichtigt zudem die Ergebnisse der Evaluierung des geltenden Signaturgesetzes im IuKDG-Bericht der Bundesregierung vom 18. Juni 1999.

Das SigG schafft die Rahmenbedingungen für einen sicheren Einsatz elektronischer Signaturen im offenen Rechts- und Geschäftsverkehr. Es definiert Anforderungen an die Zertifizierungsdiensteanbieter, um eine sichere Infrastruktur für die Vergabe von elektronischen Signaturen zu gewährleisten. Private Zertifizierungsstellen sollen die Signaturschlüssel, die zur Erstellung elektronischer Signaturen verwendet werden, ausgeben, die Inhaber identifizieren und ihre Identität bestätigen.

Das SigG n.F. hat die Bezeichnung „elektronische Signatur" aus der RleS übernommen. Das SigG n.F. differenziert die elektronischen Signaturen in Abhängigkeit ihrer Sicherheitsstandards. § 2 SigG n.F.

---

[123] Gravesen/Dumortier/Eecke, MMR 1999, 577, 579.

unterscheidet zwischen der elektronischen, der fortgeschrittenen elektronischen und der qualifizierten elektronischen Signatur.

Das SigG n.f. gewährt mit der qualifizierten elekronischen Signatur, die der digitalen Signatur im SigG a.f. entspricht, ein höheres Sicherheitsniveau als die RLeS mit der fortgeschrittenen elektronischen Signatur. Bei der Verwendung der qualifizierten elektronischen Signatur kann der Verwender sich bei Rechtsstreitigkeiten auf die Sicherheitsvermutung des § 1 Abs. 1 SigG aufgrund einer Vorabprüfung des Verfahrens durch den Zertifizierungsdiensteanbieter berufen. Da die Sicherheit des Signaturverfahrens nicht erst noch nachgewiesen werden muß, erleichtert dies die Beweisführung erheblich und stärkt so das Vertrauen in das Verfahren und in den elektronischen Geschäftsverkehr insgesamt.[124]

In dem Vorabbewußtsein der Sicherheit des eingesetzten Signaturverfahrens nach dem SigG kann dem Wertpapierdienstleister nur zur Anwendung der digitalen bzw. demnächst der qualifizierten elektronischen Signatur nach dem SigG geraten werden.

Das SigG n.F. schafft, ebenso wie das SigG a.F., keine Rechtsfolgen hinsichtlich Schriftform und Beweiskraft für den Einsatz der elektronischen Signatur. Es gibt auch nicht vor, daß elektronische Signaturen nach Maßgabe des SigG angewendet werden müssen. Regelungen, wann ausdrücklich Signaturen nach dem SigG vorgeschrieben sind, finden sich in den speziellen Rechtsvorschriften. Das SigG n.F. stellt nach § 1 Abs. 2, ebenso wie die alte Fassung, die Verwendung von anderen Verfahren als die elektronische Signatur ausdrücklich frei.[125]

Hinsichtlich der Regelungen zur Schriftform bedarf es bis zur Umsetzung der RLeS Ergänzungen. Die „deutsche" digitale Signatur und die „europäische" fortgeschrittene elektronische Signatur sind in ihren Rechtswirkungen der handschriftlichen Unterschrift gleichzustellen.[126]

Um dieser Gleichstellung nachzukommen hat der Gesetzgeber in einem Gesetzentwurf zur Anpassung der Formvorschriften des Privatrechts in Artikel 1 einige Änderungen des BGB vorgenommen.

---

[124] Roßnagel, MMR 1999, 261, 265.
[125] Begründung des Regierungsentwurfs in: Theis, S. 188.
[126] Roßnagel, MMR 1999, 261, 263.

§ 126 Abs. 3 BGB wird dahingehend geändert, daß die schriftliche Form auch durch die elektronische Form ersetzt werden kann. Ist die gesetzliche Schriftform vorgeschrieben, so fordert der neueinzufügende § 126a BGB die elektronische Form in Verbindung mit der qualifizierten elektronischen Signatur. Haben sich Vertragspartner auf die elektronische Form geeinigt, so reicht nach § 127 Abs. 3 BGB zur Wahrung der Form auch eine andere als die qualifizierte elektronische Form.

Obwohl der deutsche Gesetzgeber 1997 weltweit einer der ersten war, der Rahmenbedingungen für die digitale Signatur festlegte, haben andere Staaten mittlerweile aufgeholt und Deutschland sogar überholt. So ist es in Finnland bereits seit letztem Jahr möglich, seine rechtlich verbindliche Unterschrift per digitaler Signatur abzugeben.[127] Auch in den USA wurde ein Signaturgesetz verabschiedet, welches die Gleichstellung mit der handschriftlichen Unterschrift verankert.[128]

4.5.3.1 Signaturschlüssel-Zertifikat

Ein Zertifikat ist nach § 2 Abs. 3 SigG a.F. eine digitale Bescheinigung über die Zuordnung eines öffentlichen Signaturschlüssels. § 2 SigG n.F. unterscheidet hingegen zwischen dem „einfachen" Zertifikat unter Nr. 6 und dem qualifizierten Zertifikat unter Nr. 7. Das qualifizierte Zertifikat entspricht weitgehend dem Zertifikat a.F.. Das „einfache" Zertifikat n.F. verfügt nicht über die Angaben des § 7 Abs. 1 SigG n.F. und bietet somit einen geringeren Sicherheitsstandard als das qualifizierte Zertifikat. Das Signaturschlüssel-Zertifikat wird nur an natürliche Personen vergeben, vergleichbar einer handschriftlichen Unterschrift, die auch nur von natürlichen Personen geleistet werden kann.

§ 5 Abs. 2 und Abs. 3 SigG a.F. als auch n.F. erlauben dem Schlüsselinhaber Angaben über seine Vertretungsmacht, z.B. Vorstand einer AG, bzw. anstelle seines Namens ein Pseudonym im Zertifikat zu führen. Die Verwendung eines Pseudonyms soll vor dem Hintergrund des Datenschutzes gesehen werden. So soll die Möglichkeit,

---

[127] O.V. (a), HB v. 21.6.2000, S. 30.
[128] O.V. (b), HB v. 21.6.2000, S. 30.

Rückschlüsse von signierten Daten, die im Netz Spuren zurücklassen können, auf Personen zu ziehen, erschwert werden.[129]

Die nach § 7 Abs. 1 SigG a.f. geforderten Angaben im Zertifikat erlauben eine zweifelsfreie Feststellung des Urhebers einer digitalen Signatur. § 7 Abs. 1 SigG n.f. bezieht sich auf das qualifizierte Zertifikat. Neben dem Namen des Signaturschlüssel-Inhabers muß das qualifizierte Zertifikat Angaben zum zugeordneten öffentlichen Signaturprüfschlüssel, der Bezeichnung der Algorithmen zur Benutzung des Signaturschlüssels, Nummer und Gültigkeit des Zertifikats sowie den Namen und Staat des Zertifizierungsdiensteanbieters enthalten. Die Angabe, daß es sich um ein qualifiziertes Zertifikat handelt, ist ebenfalls vorgeschrieben. Qualifizierte Zertifikate müssen eine digitale Signatur tragen.

Die Verwendung eines Pseudonyms muß angezeigt werden. Folglich weiß der Empfänger einer Nachricht, daß die digitale Signatur zu diesem Pseudonym gehört. Die natürliche Person, die dahintersteht bleibt ihm jedoch verborgen. Sie darf nur mit Zustimmung des Schlüsselinhabers bekannt gegeben werden. Dieser wird jedoch bei Verwendung eines Pseudonyms wenig Interesse an der Bekanntgabe haben und seine Zustimmung verweigern.

Ein Wertpapierdienstleister möchte aber gerade wissen, welche Person hinter dem Pseudonym steht, um entscheiden zu können, ob er mit dieser Person in Geschäftsbeziehung treten möchte bzw. um eventuelle Rechtsansprüche verfolgen zu können. Bei der herkömmlichen Geschäftsanbahnung über Papier muß der potentielle Kunde auch seinen Namen preisgeben und sich über ein Legitimationspapier ausweisen. Ein Vertragsabschluß mit der handschriftlichen Unterschrift unter einem Pseudonym ist regelmäßig nicht möglich. Unter der Vorgabe des SigG, die elektronische Signatur der handschriftlichen gleichzusetzen, erscheint die Verwendung eines Pseudonyms nicht sehr praxisnah zu sein. Aus der Sicht des Unternehmens ist vor Geschäftsabschlüssen mit „Pseudo-Kunden" zu warnen.

§ 7 Abs. 1 Nr. 7 SigG a.f. gibt dem Nutzer des Signaturschlüssels die Möglichkeit, die Geltung seiner digitalen Signatur ausdrücklich im Signaturschlüssel-Zertifikat nach Art und Umfang zu beschränken. Dies

---

[129] Begründung des Regierungsentwurfs in: Theis, S. 197.

kann eine Beschränkung auf bestimmte Rechtsgeschäfte sein, z.B. die Geltung nur für den Kauf von Investmentanteilen oder die Geltung nur bis zu einer bestimmten Summe.[130] Im SigG n.F. findet sich die Möglichkeit der Beschränkung durch Zusätze im § 7 Abs. 2 unter der Bezeichnung „Attribute".

Vor dem Hintergrund einer Gleichstellung der elektronischen mit der handschriftlichen Signatur erscheint eine Beschränkung jedoch wenig sinnvoll. Soll eine digitale Signatur gleiche Wirkung entfalten wie die handschriftliche, so muß ihr eine Beschränkung ebenso fremd sein wie der handschriftlichen. Eine Vereinfachung des Geschäftsverkehrs würde dadurch gerade nicht erreicht, müßte sich doch jeder Teilnehmer des Umfangs der Geltung der Signatur zuvor versichern. Vielmehr leistet eine Beschränkung Rechtsstreitigkeiten Vorschub.

Erteilt ein Kunde dem Wertpapierdienstleister bspw. einen Kaufauftrag über 100 Stück Aktien mit dem Limit 55 Euro pro Stück, d.h. eine Gesamtsumme in Höhe von 5.500 Euro, bei einer Geltung seiner digitalen Signatur bis 5.000 Euro, so ist der Geltungsbereich seiner digitalen Signatur überschritten. Werden die Aktien letzlich aber nur zu 49 Euro pro Stück, d.h. insgesamt 4.900 Euro gekauft, so ist der Geltungsbereich eingehalten. Fraglich ist, ob der Kunde sich auf die Unwirksamkeit seines Kaufauftrags wegen Überschreitung des Geltungsbereichs bei Auftragserteilung berufen kann und die Rückabwicklung verlangen kann.

4.5.3.2 Aufgaben des Zertifizierungsdiensteanbieters

Eine Zertifizierungsstelle bzw. ein Zertifizierungsdiensteanbieter, auch Trust Center genannt,[131] ist nach § 2 Abs. 2 SigG a.F. bzw. nach § 2 Nr. 8 SigG n.F. eine natürliche oder juristische Person, die die Zuordnung von öffentlichen Signaturschlüsseln zu natürlichen Personen bescheinigt. In der alten Fassung fordert der Gesetzgeber eine Genehmigung nach § 4 SigG, die auf Antrag zu erteilen ist. Diese Genehmigung wird nach § 3 SigG von der nach § 66 TKG zuständigen Behörde erteilt. Dies ist die

---

[130] Begründung des Regierungsentwurfs in: Theis, S. 200.
[131] Mertes/Zeuner, in: Hoeren/Sieber, Teil 13.3 Rn. 36.

Regulierungsbehörde für Telekommunikation und Post.[132] Ihr obliegt auch die Überwachung der Zertifizierungsdienste auf Einhaltung der Vorschriften des SigG sowie der SigV. Nach § 4 Abs. 1 SigG n.f. ist der Betrieb eines Zertifizierungsdienstes künftig genehmigungsfrei. Insofern wird das SigG an die RLeS angeglichen.

Für den Betrieb eines Zertifizierungsdienstes sind insbesondere Zuverlässigkeit und Fachkunde zwingend erforderlich (§ 4 Abs. 2 SigG). Die neue Fassung des SigG fordert eine Deckungsvorsorge in Höhe von 500.000 DM für zu ersetzende Schäden. Sofern darüber hinaus die weiteren Sicherheitsanforderungen des SigG sowie der SigV erfüllt sind, kann bspw. auch ein Wertpapierdienstleister die Genehmigung für den Betrieb eines Zertifizierungsdienstes erhalten. Neben der Regulierungsbehörde für Telekommunikation und Post unterhalten zur Zeit die Deutsche Telekom AG, die Deutsche Post AG sowie die DE-CODA Gesellschaft zur elektronischen Zertifizierung von Dokumenten mbH[133] genehmigte Zertifizierungsdienste. Denkbar ist, daß das Einwohnermeldeamt, zusätzlich zur Zuständigkeit für die Ausstellung von Personalausweisen, künftig die Aufgaben eines Zertifizierungsdienstes übernimmt.

Zertifizierungsdienste können sich nach § 15 Abs. 1 S.1 SigG n.F. von der Regulierungsbehörde für Telekommunikation und Post akkreditieren lassen. Voraussetzung für die Erteilung dieses Gütezeichens ist der Nachweis der Erfüllung der Vorschriften des SigG n.F. sowie der SigV. Mit dem Gütezeichen wird der Nachweis erbracht, daß ein höchstmöglicher Sicherheitsstandard an die technischen und organisatorischen Anforderungen gewährleistet ist. Auf die Akkreditierung darf im Rechts- und Geschäftsverkehr hingewiesen werden.

Eine der wichtigsten Aufgaben des Zertifizierungsdienstes ist nach § 5 Abs. 1 S. 1 SigG a.F. die zuverlässige Identifikation von Personen, die ein Zertifikat bzw. nach neuer Fassung ein qualifiziertes Zertifikat beantragen. Um Manipulationen auszuschließen, ist eine Legitimation des Signaturschlüssel-Inhabers durch Personalausweis oder Reisepass notwendig.[134] Diese Identifikation wird im Regelfall aus

---

[132] Http://www.regtp.de.
[133] Http://www.de-coda.de.
[134] Begründung des Regierungsentwurfs in: Theis, S. 196 f.

Sicherheitsgründen persönlich in der Filiale des Zertifizierungsdienstes auf einem Antrag aus Papier vorgenommen werden müssen.

Nach § 5 Abs. 1 S. 2 SigG n.F. hat der Zertifizierungsdienst die Zuordnung eines öffentlichen Signaturprüfschlüssels zu einer Person zu bestätigen. Insofern wurde keine Änderung zur alten Fassung vorgenommen. Qualifizierte Zertifikate sind jederzeit für jeden über öffentliche Netze nachprüfbar und, bei Zustimmung des Inhabers, auch abrufbar zu halten, um so eine Überprüfung einer qualifizierten elektronischen Signatur zu ermöglichen. Durch eine qualifizierte elektronische Signatur, zertifiziert durch die Regulierungsbehörde für Telekommunikation und Post übernimmt der Zertifizierungsdienst die Garantie für die Authentizität (Echtheit) und Integrität (Unverfälschtheit) der Signaturschlüssel-Zertifikate.[135]

Ist ein qualifiziertes Zertifikat nicht durch den Inhaber zum Abruf freigegeben, so prüft der Zertifizierungsdienst lediglich, ob dieses Zertifikat vorhanden und gegebenenfalls gesperrt ist. Weitere Informationen werden nicht bekannt gegeben. Der Zertifizierungsdienst hat gemäß § 5 Abs. 4 SigG n.F. Vorkehrungen zu treffen, um die Integrität der qualifizierten Zertifikate und die Geheimhaltung der privaten Signaturschlüssel sicherzustellen.

Der Antragsteller einer digitalen Signatur ist schriftlich darauf hinzuweisen, daß die digitale Signatur gemäß § 6 Abs. 2 S. 1 SigG n.F. im Rechtsverkehr die gleiche Wirkung besitzt, wie die eigenhändige Unterschrift, es sei denn, ein Gesetz bestimmt etwas anderes. § 6 Abs. 2 S. 1 SigG n.F. statuiert allein die Pflicht zur Unterrichtung, aus ihm ergeben sich keine Rechtsfolgen. Die Gleichstellung der digitalen Signatur mit der eigenhändigen Unterschrift geschieht in den einzelnen Gesetzen.

Auf Verlangen des Inhabers hat der Zertifizierungsdienst Signaturschlüssel-Zertifikate mit einem qualifizierten Zeitstempel zu versehen (§ 9 SigG). Ein qualifizierter Zeitstempel ist nach § 2 Nr. 14 SigG n.F. eine elektronische Bescheinigung des Zertifizierungsdienstes, daß ihm bestimmte elektronische Daten zu einem bestimmten Zeitpunkt

---

[135] Http://regtp.de, Die digitale Signatur, S. 10.

vorgelegen haben. Hiermit soll ein Rückdatieren elektronisch signierter Daten verhindert werden.[136]

Der Zertifizierungsdienst hat qualifizierte Zertifikate auf Verlangen des Inhabers zu sperren (§ 8 SigG), d.h. deren Gültigkeit für die Zukunft aufzuheben, um so bspw. einen Mißbrauch bei Verlust des privaten Schlüssels auszuschließen. Eine Sperrung gibt dem Inhaber auch die Möglichkeit seine qualifizierte elektronische Signatur aus dem elektronischen Rechtsverkehr zu entfernen, wenn er an diesem nicht mehr teilnehmen möchte.[137]

Der Zertifizierungsdienst hat die Daten der qualifizierten Zertifikate sowie die gesamten Sicherheitsvorkehrungen in der Art zu dokumentieren, daß eine Überprüfung jederzeit möglich ist (§ 10 SigG). Dadurch soll eine zuverlässige Arbeitsweise der Zertifizierungsdienste gewährleistet werden, sowie die Unverfälschtheit und Echtheit der Daten jederzeit überprüft werden können. In der neuen Fassung wird zur Klarstellung hinzugefügt, daß die Dokumentation unverzüglich so zu erfolgen hat, daß insbesondere Daten zur Ausstellung und Sperrung von qualifizierten Zertifikaten nachträglich nicht unbemerkt verändert werden können.

Die Regulierungsbehörde für Telekommunikation und Post übt als zuständige Behörde die Aufsicht über die Einhaltung des SigG und der SigV nach § 19 Abs. 1 S. 1 SigG n.F. aus. Der Zertifizierungsdienst unterliegt mit der Aufnahme des Betriebs der Aufsicht der Behörde. Die Behörde kann Maßnahmen zur Einhaltung der Rechtsvorschriften sowie die Sperrung von qualifizierten Zertifikaten anordnen. Sie kann den Betrieb eines Zertifizierungsdienstes teilweise oder ganz untersagen.

4.5.4 Signaturverordnung (SigV)

Die Verordnung zur digitalen Signatur (SigV) auf Grundlage des § 24 SigG n.F. bzw. § 16 SigG a.F. regelt die Einzelheiten zur Durchführung der §§ 3 bis 23 SigG n.F. bzw. §§ 3 bis 15 SigG a.F.. Dies sind insbesondere die näheren Einzelheiten zur Ausgestaltung der Pflichten der Zertifizierungsdienste bei der Vergabe von Zertifikaten und der

---

[136] Begründung des Regierungsentwurfs in: Theis, S. 202.
[137] Begründung des Regierungsentwurfs in: Theis, S. 201.

Erzeugung von Signaturschlüsseln. Sie regelt neben der Gültigkeitsdauer von qualifizierten Zertifikaten, die Anforderungen an die technischen Komponenten und an das Personal sowie die Gebührenpflicht. § 1 SigG a.f. regelt darüber hinaus die Genehmigung zum Betrieb eines Zertifizierungsdienstes. Eine Genehmigung ist im Gesetzentwurf zum neuen SigG nicht mehr vorgesehen. Durch Regelung der Einzelheiten in einer Verordnung behält sich der Gesetzgeber vor, auf technische Veränderungen oder andere veränderte Verhältnisse zügiger als in einem Gesetz reagieren zu können.

4.5.5 Digitale Signatur

Aus sprachlichen Vereinfachungsgründen und weil sich die Bezeichnung „digitale Signatur" für das Äquivalent der handschriftlichen Unterschrift im elektronischen Geschäftsverkehr verfestigt hat, wird an dem Begriff der „digitalen Signatur" festgehalten, wenngleich der Begriff „qualifizierte elektronische Signatur" nach dem SigG der eigentlich Richtige ist.

Die digitale Signatur ist keine Signatur, die den zuvor eingescannten handschriftlichen Schriftzug auf dem Bildschirm darstellt.[138] Sie ist vielmehr ein, durch einen privaten Signaturschlüssel erzeugtes, Siegel zu digitalen Daten. Sie ermöglicht es, die Unverfälschtheit der Daten und die Identität des Unterzeichners sicherzustellen. Darüber hinaus erfüllt sie die fünf Funktionen einer Unterschrift.

4.5.5.1 Funktionsweise[139]

Die Erzeugung der digitalen Signatur beruht auf dem asymmetrischen Verfahren.[140] Hierzu wird die zu signierende Nachricht mit einem sogenannten Hash[141]-Algorithmus auf eine kryptographische Prüfsumme, den sogenannten Hash-Wert, komprimiert. Dieser Hash-Wert wird mit dem privaten Schlüssel des Absenders verschlüsselt und

---

[138] Mertes/Zeuner, in: Hoeren/Sieber, Teil 13.3 Rn. 11.
[139] Http://www.regtp.de bietet eine anschauliche Darstellung der Funktionsweise der digitalen Signatur.
[140] Kap. 4.4.1.2.
[141] Englisch hash: Zerhacktes.

stellt die digitale Signatur dar. Die eigentliche Nachricht wird nicht verschlüsselt, sondern im Klartext mit dem angehängten Hash-Wert als digitaler Signatur sowie dem öffentlichen Schlüssel zur Überprüfung übermittelt.

Der Empfänger entschlüsselt den Hash-Wert mit dem öffentlichen Schlüssel des Absenders. Gleichzeitig ermittelt der Empfänger den Hash-Wert der im Klartext übersandten Mitteilung. Nur wenn beide Werte übereinstimmen, kann er sicher sein, daß die Nachricht unverfälscht angekommen ist. Der öffentliche Schlüssel des Absenders kann an das Dokument angehängt sein, er kann aber auch in einem öffentlichen Verzeichnis, ähnlich dem Telefonbuch, nachgesehen werden.

Wäre das Original verändert worden, so würde sich ein Hash-Wert errechnen, der von dem signierten Hash-Wert abweicht. Selbst geringste Veränderungen, sei es technisch bedingt oder durch Manipulation, z.B. Änderung einer Zahl, fallen sofort auf. Da die digitale Signatur auf der Grundlage der zu übermittelnden Nachricht basiert, sieht sie jedes Mal anders aus und ist nicht zu kopieren.

Die digitale Signatur gibt dem Empfänger die Sicherheit, daß der unveränderte übermittelte Text nur vom Inhaber des privaten Schlüssels stammen kann. Neben der Authentizität und Integrität, d.h. Echtheit und Unverfälschtheit der Mitteilung, ist die digitale Signatur somit auch Beweis für die Identität des Absenders.

Voraussetzung ist auf Seiten des Absenders, daß er seinen privaten Schlüssel absolut geheim hält und der Schlüssel nur durch ihn angewandt wird. Die Geheimhaltung wird durch eine Speicherung auf einer Chipkarte, die nicht lesbar ist, gewährleistet. Zur Erzeugung der Signatur wird der Befehl „Signieren" aufgerufen. Der Benutzer steckt die Chipkarte in das Lesegerät und muß sich authentisieren. Dies geschieht durch Eingabe einer PIN. Die Signatur wird dann durch Tastendruck oder Mausklick ohne feststellbaren Zeitverzug erzeugt.

Eine Alternative zur Chipkarte ist der Einsatz biometrischer Identifikationsverfahren. Die Problematik der Geheimhaltung, der Manipulation oder die Gefahr des Diebstahls der Chipkarte wären hinfällig. Da eine Manipulation bei biometrischen Verfahren praktisch ausgeschlossen ist, bietet die Überprüfung eines Fingerabdrucks oder einer Augenlinse eine nahezu 100%ige Sicherheit.

Die digitale Signatur bietet keinen Schutz gegen das Mitlesen einer Mitteilung, da sie offen übermittelt wird. Um eine Geheimhaltung der Nachricht zu gewährleisten, kann jedoch zusätzlich ein Verschlüsselungsverfahren angewandt werden. Durch einen Zeitstempel kann das Vorliegen einer digitalen Signatur zu einem bestimmten Zeitpunkt dokumentiert werden.

4.5.5.2 Mobile digitale Signatur

Von der digitalen Signatur ist der Weg zur mobilen digitalen Signatur[142] nicht mehr weit. Das Unternehmen BROKAT Infosystems AG[143] ist weltweit Marktführer für Internet-Banking-Lösungen. Der Kunde kann künftig seine Wertpapier-Orders ohne Voranmeldung und Identifizierung und ohne Übermittlung seiner Konto- oder Depotnummer und PIN abgeben. Allein ein Tastendruck auf seinem Mobiltelefon zum Auslösen seiner digitalen Signatur reicht aus, um seine Order „ich kaufe 100 Stück pma-Aktien, WPKN 123456, billigst" auszuführen. Der Kunde ist unabhängig von lokalen Installationen und kann seine Aktienanlage jederzeit und überall tätigen. Das Mobiltelefon wird zu einem „elektronischen Füllfederhalter"[144]. Einige Direktbanken bieten bereits heute das mobile Banking an, zur Identifikation muß aber noch die PIN eingegeben werden.[145] Der Markt ist groß. So wünschen sich 63% der Mobilfunknutzer den mobilen Wertpapierhandel und sogar 97% mobile Bankdienstleistungen.[146]

4.6 Ergebnis

Der Wertpapierhandel im Internet ist heute bereits grundsätzlich rechtswirksam möglich. Allein beim ersten Kundenkontakt kommt man um den Offline-Kontakt noch nicht umhin. Die Legitimation des Kunden muß noch auf die herkömmliche Weise über den Personalausweis

---

[142] Http://www.mobile-revolution.com.
[143] Http://www.brokat.de.
[144] Http://www.brokat.com/de/digitale_signatur/index.html (v. 12.07.2000)
[145] So z.B. Consors.
[146] Rethwilm/Fein, HB v. 23.5.2000, S. B 2.

durchgeführt werden. Durch den Einsatz der digitalen Signatur werden diese Arbeitsabläufe zukünftig auch online durchgeführt werden können.

Vereinfachungen, Zeit- und Kosteneinsparungen sind durch den Einsatz der digitalen Signatur möglich. Technisch ist der Einsatz der digitalen Signatur heute bereits unproblematisch. Allein die für Wertpapiergeschäfte notwendige Rechtssicherheit ist trotz oder gerade wegen des SigG noch nicht gegeben. Wenn der deutsche Gesetzgeber die RLeS zum 1. Januar 2001, spätestens aber zum 19.Juli 2001 umgesetzt hat, wird mit der Rechtssicherheit auch eine allgemeine Verbreitung der digitalen Signatur im Rechts- und Geschäftsverkehr einhergehen.

Obwohl die digitale Signatur letztlich nur durch einen einfachen Tastendruck erzeugt wird, sollte sich der Anwender über die Konsequenzen im Klaren sein. Die Rechtsfolgen der digitalen Signatur treffen ihn genauso wie die Rechtsfolgen einer handschriftlichen Unterschrift.

Das Argument, die digitale Signatur sei der handschriftlichen Unterschrift bezüglich der Sicherheitsmerkmale unterlegen, greift indes nicht. Betrachtet man die mathematischen Algorithmen, die zur Verschlüsselung benutzt werden sowie die Aktivierung der Chipkarte über eine Passphrase oder besser noch über ein biometrisches Identifikationsverfahren, so erreicht die digitale Signatur ein angemessenes Sicherheitsniveau. Bedenkt man zusätzlich, daß es möglich ist, eine handschriftliche Unterschrift über einen computergesteuerten Stift so zu fälschen, daß diese Fälschung selbst von einem Graphologen nicht bemerkt wird, so muß man zu dem Schluß kommen, daß die digitale Signatur einen weitaus höheren Sicherheitsstandard bietet. Solange die RLeS jedoch noch nicht umgesetzt ist und somit die digitale Signatur der Schriftform noch nicht genügt und noch der freien richterlichen Beweiswürdigung unterliegt, solange darf man sie getrost als „Unterschrift zweiter Klasse"[147] bezeichnen.

Im Übrigen wird man jegliches Risiko nie ganz ausschließen können. Dies gilt sowohl für das Internet, aber ebenso auch für die reale Welt. Es muß immer das Ziel sein, sowohl offline als auch online, Mißbrauch so

---

[147] Moritz, CR 2000, 61, 68.

weit wie möglich auszuschließen und ein höchstmögliches Maß an Sicherheit und Vertrauen, unter vertretbarem Einsatz von Aufwand und Kosten, zu gewährleisten.

So liegt die Ausstellung eines Signaturschlüssel-Zertifikates auf einen falschen Namen aufgrund eines gefälschten Personalausweises wohl eher in der Verantwortung der unzureichenden Sicherheitsmerkmale des Personalausweises, als das dies der digitalen Signatur angelastet werden kann. Die Gefahr, daß Mitarbeiter einer Zertifizierungsstelle bewußt gefälschte Zertifikate ausstellen ist nicht größer als die Gefahr in den Einwohnermeldeämtern bezüglich der Falschausstellung von Personalausweisen oder Reisepässen. Beide Mißbrauchsfälle lassen sich zumindest im Nachhinein noch jederzeit nachweisen, sodaß zumindest haftungsrechtliche Ansprüche noch geklärt werden können. Halten Signaturschlüssel-Inhaber bestimmte Sicherheitsmaßnahmen, wie z.B. die Geheimhaltung der PIN, nicht ein oder verlieren ihre Chipkarte, so kann dies auch nicht anders beurteilt werden, als handele es sich um eine EC-Karte.

Die digitale Signatur minimiert durch die hohen technischen und organisatorischen Anforderungen bestehende Restrisiken, sodaß ein höchstmögliches Maß an Sicherheit gewährleistet wird. Bei Einhaltung aller Regelungen ist die digitale Signatur der handschriftlichen Unterschrift hinsichtlich der Sicherheit überlegen.

Teil 2

5 Das Wertpapierhandelsgesetz (WpHG)[148]

Das Wertpapierhandelsgesetz ist als Art. 20 Teil des als Artikelgesetz konzipierten Zweiten Finanzmarktförderungsgesetzes vom 26. Juli 1994 und am 1. Januar 1995 in Kraft getreten. Es wurde durch das Gesetz zur weiteren Fortentwicklung des Finanzplatzes Deutschland, besser bekannt unter dem Namen Drittes Finanzmarktförderungsgesetz, zum 1. April 1998 in einigen Punkten geändert. Mit den weiteren Gesetzesnovellen seit den 80er Jahren zum Börsen-, Depot-, Investment- und Aktienrecht soll eine größere Attraktivität und internationale Wettbewerbsfähigkeit des Finanzplatzes Deutschland durch eine Stabilisierung der Funktionsfähigkeit der Kapitalmärkte erreicht werden.[149]

Mit dem WpHG wird neben der Insider-Richtlinie und der Transparenz-Richtlinie auch die EG-Wertpapierdienstleistungs-Richtlinie vom 10. Mai 1993 in nationales Recht umgesetzt. Schwerpunkte sind dementsprechend Bestimmungen zum Insiderhandel, zur Offenlegung bedeutender Beteiligungen an Aktiengesellschaften und die Verhaltensregeln für Wertpapierdienstleistungsunternehmen. Darüber hinaus regelt das WpHG die Marktaufsicht durch das Bundesaufsichtsamt für den Wertpapierhandel. Aufgrund seiner wesentlichen kapitalmarktbezogenen, insbesondere anlegerschützenden Regelungen, wird das WpHG auch als Grundgesetz des deutschen Kapitalmarktrechts bezeichnet.[150]

5.1 Das WpHG vor dem Hintergrund der EG - WpDRL

Eine Richtlinie ist gemäß Art. 249 III EGV für jeden Mitgliedstaat, an den sie gerichtet wird, hinsichtlich des zu erreichenden Ziels verbindlich. Den

---

[148] Auszug aus dem WpHG (§§1,2,31,32,33,34) in Anhang A.
[149] Pötzsch, WM 1998, 949; Kümpel, WpHG, S. 15.
[150] Hopt, ZHR 159 (1995), 135.

Mitgliedstaaten verbleibt jedoch bei der Umsetzung hinsichtlich der Wahl der Form und der Mittel ein Gestaltungsspielraum, um nationalen Interessen oder Besonderheiten Rechnung zu tragen.

Bereits 1977 empfahl die Kommission der Europäischen Gemeinschaft die Aufnahme von Wohlverhaltensregeln bei Wertpapierdienstleistungen in nationales Recht. Bis Januar 1989 blieb es bei der Empfehlung. Erst dann wurde ein erster Vorschlag für eine Richtlinie über Wertpapierdienstleistungen vorgelegt. Dieser enthielt jedoch nur Organisationspflichten. Verhaltenspflichten hielt die Kommission durch nationale Bestimmungen für ausreichend geregelt.[151] Erst in der Richtlinie 93/22/EWG des Rates vom 10. Mai 1993 über Wertpapierdienstleistungen (EG-WpDRL) wurden in Art. 11[152] Wohlverhaltensregeln aufgenommen, die Wertpapierdienstleistungsunternehmen gegenüber ihren Kunden einzuhalten haben.

Gemäß Art. 11 Abs. 1 EG-WpDRL hat der Wertpapierdienstleister mit Sachkenntnis und Sorgfalt im Interesse seiner Kunden und der Integrität des Marktes zu handeln. Er hat von seinen Kunden Angaben über ihre finanzielle Lage, ihre Erfahrung mit Wertpapiergeschäften und ihre mit der Anlage verfolgten Ziele zu verlangen und ihnen im Gegenzug alle zweckdienlichen Informationen mitzuteilen. Bei der Anwendung der Regeln ist nach Art. 11 Abs. 1 S. 2 EG-WpDRL der Professionalität des Anlegers Rechnung zu tragen.

Ziele der EG-WpDRL sind der Anlegerschutz, die Stabilität und das reibungslose Funktionieren der Kapitalmärkte. Die Wohlverhaltensregeln dienen dem Zweck, Informationsunterschiede zwischen Anleger und Wertpapierdienstleister durch Aufklärung aufzuheben. Sie bezwecken den Schutz des Anlegers und die Stärkung seines Vertrauens in die ordnungsgemäße Ausführung von Aufträgen und die Integrität der Kapitalmärkte. Ohne dieses Vertrauen wäre die Funktionsfähigkeit der Kapitalmärkte gefährdet.[153]

Zum Teil wird Anlegerschutz im Sinne der EG-WpDRL als Schutz des Anlegers vor sich selbst gesehen. Der Anleger soll vor eigenverantwortlich getroffenen Entscheidungen, die objektiv nachteilig

---

[151] Buhk, S. 38.
[152] Siehe Anhang C.
[153] Kümpel, WpHG, S. 29.

sind, geschützt werden.[154] Entgegen dieser Ansicht bezweckt die EG-WpDRL den Schutz des uninformierten Anlegers. Er soll durch die dem Wertpapierdienstleister auferlegten Aufklärungspflichten, in die Lage versetzt werden, eine eigenverantwortliche Entscheidung zu treffen. Das Risiko hingegen soll ihm nicht abgenommen werden.[155]

Teilweise wird in der Literatur der Gedanke diskutiert, daß der Wertpapierdienstleister verpflichtet sein soll, den Anleger von objektiv nicht geeigneten Anlagen abzuhalten. Begründet wird dies mit dem Gedanken des Verbraucherschutzes.[156] Die Argumentation vermag jedoch nicht zu überzeugen. Die Vorschrift des § 31 Abs. 2 Nr. 1 WpHG hat ihrem Wortlaut nach ebenso wenig ein Vermittlungsverbot zum Inhalt, wie die EG-WpDRL die Bevormundung des Anlegers als Verbraucherschutzgedanken kennt.

Mit der Änderung des WpHG zum 1. April 1998 ist die Umsetzung der EG-WpDRL endgültig abgeschlossen.

5.2 Konkretisierung der §§ 31, 32 durch die Verhaltens-RL des BAWe[157]

Zielsetzung der Wohlverhaltensregeln der §§ 31, 32 WpHG ist der Schutz der Kapitalanleger. Er wird als Grundvoraussetzung für das Funktionieren der Wertpapiermärkte in Europa angesehen. Die Verhaltensregeln sollen einen Mindeststandard für das Verhalten von Wertpapierdienstleistern gegenüber ihren Kunden festlegen und so unerfahrene und unkundige Anleger vor Nachteilen schützen.[158]

Das Bundesaufsichtsamt für den Wertpapierhandel hat mit Wirkung zum 15. Juli 2000 gemäß § 35 Abs. 6 WpHG eine Verhaltens-Richtlinie zur Konkretisierung der §§ 31, 32 WpHG (VRL) erlassen und ersetzt damit die Richtlinie von Mai 1997. Die Richtlinie erfaßt das Kommissionsgeschäft, den Eigenhandel für andere und das Vermittlungsgeschäft der Wertpapierdienstleistungsunternehmen. Zu begrüßen ist die ausdrückliche Ausdehnung des Anwendungsbereiches

---

[154] Koller, in: Assmann/Schneider, vor § 31 Rn.12 ff.
[155] Köndgen, ZBB 1996, 361, 363.
[156] Koller, in: Assmann/Schneider, § 31 Rn. 81.
[157] Siehe Anhang B.
[158] Koller, in: Assmann/Schneider, vor § 31 Rn. 8 ff.

der Richtlinie auf Wertpapierdienstleistungsunternehmen. Das Bundesaufsichtsamt korrigiert damit das Versäumnis, Wertpapierdienstleistungsunternehmen nicht in die 97er Richtlinie miteinzubeziehen. Sie wandte sich hingegen nur an Kreditinstitute, wenngleich das Bundesaufsichtsamt es für „sachgerecht" hielt, daß auch andere Wertpapierdienstleistungsunternehmen Rückgriff auf die Richtlinie nähmen.[159]

Die Richtlinie soll Klarheit schaffen, was unter der Vielzahl unbestimmter Rechtsbegriffe, wie „erforderlicher Sachkenntnis", „Angaben über Erfahrungen oder Kenntnisse" oder „alle zweckdienlichen Informationen" im § 31 WpHG zu verstehen ist. Sie dient somit dem Wertpapierdienstleister als Orientierungshilfe für sein Handeln und Verhalten gegenüber Kunden auf der einen Seite und dem Bundesaufsichtsamt auf der anderen Seite, wenn es darum, geht festzustellen, ob ein Wertpapierdienstleister die Verhaltensregeln der §§ 31, 32 WpHG verletzt hat.[160]

Die §§ 31, 32 WpHG sind rechtsdogmatisch überwiegend als Aufsichtsrecht zu qualifizieren. Als Schutzgesetz im Sinne des § 823 Abs. 2 BGB kommt ihnen jedoch auch privatrechtliche Bedeutung zu.[161]

---

[159] Http://www.bawe.de/compl.htm (vom18.04.2000).
[160] Buhk, S. 57 f.
[161] Koller, in: Assmann/Schneider, Vor § 31 Rn. 17; Köndgen, ZBB 1996, 361.

6 Zulassungsvoraussetzungen für Wertpapierdienstleister

6.1 Erlaubnispflicht, § 32 KWG

Seit der Novellierung des KWG bedürfen auch Finanzdienstleistungsinstitute nach § 32 Abs. 1 S. 1 KWG der schriftlichen Erlaubnis des Bundesaufsichtsamtes für das Kreditwesen. Insbesondere gilt dies für die Anlage- und Abschlußvermittlung nach § 1 Abs. 1a S. 2 Nr. 1 und Nr. 2 KWG. Sie sind, gewerbsmäßig betrieben, grundsätzlich erlaubnispflichtig.[162] Eine reine Anlageberatung ist gemäß § 1 Abs. 3 Nr. 6 KWG hingegen stets erlaubnisfrei.

Die Voraussetzungen für die Erteilung der Erlaubnis legt § 32 KWG im Einzelnen fest. Die Erlaubnis kann nach § 33 KWG bei unzureichender Ausstattung mit Eigenkapital, bei Unzuverlässigkeit oder mangelnder fachlicher Eignung der Geschäftsleitung verweigert werden. Die Aufzählung der Versagungsgründe ist gemäß § 33 Abs. 4 KWG abschließend.

6.2 Ausnahmen

§ 2 Abs. 6 KWG stellt fest, daß einige Unternehmen nicht als Finanzdienstleistungsinstitute gelten, obwohl sie Finanzdienstleistungen erbringen. Sie fallen dementsprechend auch nicht unter die Erlaubnispflicht des KWG. So sind Unternehmen, die als Finanzdienstleistungen ausschließlich die Anlage- und Abschlußvermittlung von Investmentanteilen zwischen Kunden und einem Institut oder einer ausländischen Investmentgesellschaft betreiben, gemäß § 2 Abs. 6 Nr. 8 KWG nicht erlaubnispflichtig. Voraussetzung ist allerdings, daß sie nicht befugt sind, sich beim Erbringen dieser Finanzdienstleistungen Eigentum oder Besitz an Geldern oder Anteilscheinen von Kunden zu verschaffen. Fehlt diese Voraussetzung, d.h. liegt die Befugnis, sich Eigentum oder Besitz an

---

[162] Pfüller/Westerwelle, in: Hoeren/Sieber, Teil 13.7 Rn. 86.

Geldern oder Anteilscheinen zu verschaffen vor, was in der Regel von Investmentgesellschaften für eine Zusammenarbeit gefordert wird,[163] so unterliegt das Unternehmen wieder dem Regelungsbereich des KWG.

Somit ist allein die ausschließliche Vermittlung von Investmentanteilen nicht vom Regelungsbereich des KWG erfaßt. Vermittelt das Unternehmen aber neben den Investmentanteilen bspw. noch Aktien, so unterliegt das Finanzdienstleistungsinstitut wieder dem Regelungsbereich des KWG.

Der Gesetzgeber geht fälschlicherweise davon aus, daß es sich bei Investmentanteilen um standardisierte Produkte handelt und daß das bloße Weiterleiten von Aufträgen kein Risiko für den Kunden birgt. Wenngleich die Risiken bei der Aktienanlage größer sind, ist nicht einzusehen, warum Investmentanteile beim Vermittlungsgeschäft besser gestellt sein sollen als Aktien.

6.3 Zulassung zur Börse

Um für seine Kunden Aktien an der Börse handeln zu können, bedarf der Wertpapierdienstleister nach § 7 Abs. 1 S. 1 BörsG einer Börsenzulassung durch die Geschäftsführung. Voraussetzung ist nach § 7 Abs. 2 S. 1 BörsG, daß die Anschaffung und Veräußerung der Wertpapiere sowie deren Vermittlung gewerbsmäßig geschieht und der Gewerbebetrieb nach Art und Umfang einen in kaufmännischer Weise eingerichteten Geschäftsbetrieb erfordert. Sofern die laut Gesetz oder Gesellschaftsvertrag mit der Geschäftsführung betrauten Personen die notwendige Zuverlässigkeit und berufliche Eignung für das Wertpapiergeschäft besitzen und die ordnungsgemäße Abwicklung sichergestellt ist, ist die Börsenzulassung gemäß § 7 Abs. 2 S. 1 BörsG zu erteilen.[164] Das Erbringen einer Sicherheitsleistung als Zulassungsvoraussetzung für Finanzdienstleistungsunternehmen ist nicht mehr erforderlich. Es besteht jedoch die Möglichkeit, gemäß § 8a KWG über Regelungen der Börsenordnung, Sicherheiten zur Abdeckung von Marktrisiken zu verlangen.[165]

---

[163] Altmeyer, Gespräch vom 28.4.2000.
[164] § 7 Abs. 4 Nr.1, 2 BörsG.
[165] Ledermann, in: Schäfer, § 7 Rn. 17.

6.4 Aufgaben der Aufsichtsbehörden

6.4.1 Bundesaufsichtsamt für den Wertpapierhandel

Das Bundesaufsichtsamt für den Wertpapierhandel übt als Bundesbehörde die Marktaufsicht über den Wertpapierhandel und die Wertpapierdienstleistungen gemäß § 4 WpHG nach den Vorschriften des WpHG im öffentlichen Interesse aus. Es wirkt Mißständen entgegen und gewährleistet eine ordnungsgemäße Durchführung von Wertpapierdienstleistungen. Bei auftretenden Mißständen kann das Aufsichtsamt gemäß § 4 Abs. 1 S. 3 WpHG Anordnungen treffen, die die Mißstände beseitigen.

Insbesondere obliegt dem Bundesaufsichtsamt nach § 35 WpHG die Überwachung der Einhaltung der in den §§ 31 ff. WpHG geregelten Verhaltensregeln für Wertpapierdienstleistungsunternehmen. Das Bundesaufsichtsamt kann Auskünfte und die Vorlage von Unterlagen verlangen sowie Prüfungen ohne besonderen Anlaß vornehmen. Das Betreten der Geschäftsräume des Wertpapierdienstleistungsunternehmens ist den Mitarbeitern des Bundesaufsichtsamtes nach § 35 Abs. S. 3 WpHG zu den üblichen Geschäftszeiten zu gestatten.

6.4.2 Bundesaufsichtsamt für das Kreditwesen

Das Bundesaufsichtsamt für das Kreditwesen übt als Bundesbehörde die Aufsicht über die Kredit- und Finanzdienstleistungsinstitute gemäß § 6 KWG nach den Vorschriften des KWG aus. Dies geschieht gemäß § 6 Abs. 4 KWG ausschließlich im öffentlichen Interesse. Das Bundesaufsichtsamt für das Kreditwesen hat Mißstände durch geeignete Anordnungen zu verhindern und gegebenenfalls zu beseitigen, um so die Sicherheit für dem Institut anvertraute Vermögenswerte sowie eine ordnungsgemäße Durchführung von Bankgeschäften und Finanzdienstleistungen zu gewährleisten. Es überwacht die Zulassung und stellt die Solvenz der in Deutschland in der Kredit- und

58

Finanzdienstleistungswirtschaft tätigen Unternehmen sicher, um so gesamtwirtschaftliche Nachteile zu verhindern.[166]

6.4.3 Globale Kooperation

Dem Bundesaufsichtsamt für den Wertpapierhandel obliegt nach § 7 Abs. 1 S. 1 WpHG auch die Zusammenarbeit mit den für die Überwachung zuständigen Stellen anderer Staaten. Die Globalisierung der Kapital- und Wertpapiermärkte erfordert eine übergreifende internationale Zusammenarbeit, um den Schutz der Anleger und die Funktionsfähigkeit der Kapitalmärkte zu gewährleisten. Um eine effiziente und zentrale Abwicklung sicherzustellen, übernimmt das Bundesaufsichtsamt für den Wertpapierhandel nach dem Prinzip der zentralen Zuständigkeit auch die Angelegenheiten, die der Börsenaufsicht der Länder unterliegen.[167]

---

[166] Nirk, S. 20.
[167] Ledermann, in: Schäfer, § 7 Rn. 1.

59

7 Rechtliche Grundlagen der Verhaltensregeln

Der Beratung liegt regelmäßig ein Vertrag zugrunde. Dieser wird meist stillschweigend, nur selten ausdrücklich geschlossen.[168] Es handelt sich bei der Beratung in der Regel um einen Dienstvertrag mit Geschäftsbesorgungscharakter im Sinne des § 675 BGB.[169]

Tritt ein Wertpapierdienstleister an einen Anlageinteressenten oder der Anlageinteressent an einen Wertpapierdienstleister heran, um zu beraten bzw. beraten zu werden, so wird das darin liegende Angebot zum Abschluß eines Beratungsvertrages nach ständiger Rechtsprechung stillschweigend durch die Aufnahme des Beratungsgespräches angenommen.[170]

Dabei ist es unerheblich, ob der Anlageinteressent von sich aus die Dienste und Erfahrungen des Wertpapierdienstleisters in Anspruch nehmen will oder ob der Wertpapierdienstleister den Anlageinteressenten aufgefordert hat, ihn zu einem Gespräch über eine Kapitalanlage aufzusuchen.[171]

Nach ständiger Rechtsprechung kommt ein stillschweigend abgeschlossener Beratungsvertrag zustande, wenn die Auskunft für den Empfänger erkennbar von erheblicher Bedeutung ist und diesem als Grundlage einer wesentlichen Entscheidung oder Maßnahme dient.[172] Dies gilt insbesondere dann, wenn der Auskunftgeber sich als sachkundig bezeichnet oder er ein eigenes wirtschaftliches Interesse mit der Auskunft verbindet.[173] Folglich kann ein Beratungsvertrag auch mit einem Interessenten geschlossen werden, der bisher noch keinen Kontakt zu dem Wertpapierdienstleister hatte.[174]

---

[168] Nobbe, S. 239, Schwintowski/Schäfer, § 11 Rn. 62.
[169] Von Heymann, in: Assmann/Schütze, § 5 Rn. 6 ff.
[170] BGH, WM 1993, 1455, 1456; Balzer, DB 1997, 2311, 2315.
[171] BGH, WM 1993, 1455, 1456.
[172] BGH, WM 1969, 36, 37; OLG Karlsruhe, WM 1999, 1059, 1062.
[173] BGH, WM 1969, 36, 37; Arendts, WM 1993, 229, 231.
[174] Heinsius, ZBB 1994, 47, 49.

Die Anlagevermittlung mit der Pflicht zur Aufklärung hat ihre Grundlage im § 31 Abs. 2 Nr. 2 WpHG und nicht in einem Vertrag.[175] Sie ist eine gesetzliche Informations- oder Aufklärungspflicht.[176]

---

[175] Nobbe, S. 249.
[176] Kümpel, WM 1995, 689, 692.

8 Verhaltensregeln bei Anlagevermittlung und Anlageberatung

Bei der Anlagevermittlung, der Abschlußvermittlung und bei der Anlageberatung gibt es Verhaltensregeln, die zu beachten sind. Dies sind die allgemeinen und besonderen Verhaltenspflichten, auch Informationspflichten genannt (§§ 31, 32 WpHG), die Organisationspflichten (§ 33 WpHG) sowie die Aufzeichnungs- und Aufbewahrungspflichten (§ 34 WpHG). Sie erfüllen gewissermaßen Standardpflichten. Bei den allgemeinen Verhaltenspflichten lassen sich die Aufklärungs- und Beratungspflichten in Abhängigkeit von der Art der Wertpapierdienstleistung unterscheiden. So gelten die Aufklärungspflichten sowohl für die Anlage- und Abschlußvermittlung als auch für die Anlageberatung, während die Beratungspflichten nur von der Anlageberatung erbracht werden müssen. Zu prüfen ist, inwiefern diese Pflichten auch beim Vertrieb im Internet geleistet werden können und müssen. Hierbei sind zwei Fälle zu unterscheiden: zum einen füllt der Berater oder Vermittler nach seinem Kundengespräch die Anträge selbst auf der Homepage aus, um so die Papierflut einzudämmen. Zum anderen soll der Anleger langfristig seine Order selbst über das Internet abgeben können.

8.1 Abgrenzung Anlagevermittlung und Anlageberatung

Nach § 2 Abs. 3 Nr. 4 WpHG gilt die Vermittlung oder der Nachweis von Geschäften über die Anschaffung und die Veräußerung von Wertpapieren, Geldmarktinstrumenten oder Derivaten als Anlagevermittlung. Der Vermittler nimmt Aufträge von Kunden entgegen und leitet sie an die Kapitalanlagegesellschaft oder die Börse weiter. Dies wird regelmäßig der Fall sein, wenn der Anleger bereits weiß, welches Wertpapier er kaufen möchte und der Vermittler praktisch nur als Transaktionsmedium benutzt wird. Der Anlagevermittler führt somit Anbieter und Anleger zusammen. Von einem Anlagevermittler wird angenommen, daß er seine Anlagen werbend anpreist und nur diese vermitteln möchte.[177] Regelmäßig sind dies keine selbst erstellten

---

[177] OLG Oldenburg, WM 1987, 169; Schwintowski/Schäfer, § 11 Rn. 60.

Produkte, sondern Produkte von Dritten.[178] Der Anlagevermittler ist verpflichtet, dem Anleger die Informationen richtig und vollständig mitzuteilen, die für seine Anlageentscheidung von wesentlicher Bedeutung sind. Er ist jedoch nicht zur Bewertung der Umstände verpflichtet.[179]

Als Nachweismakler im Sinne des § 34c GewO, der dem Kunden einen bisher unbekannten Vertragspartner benennt, sodaß dieser den Vertrag selbst schließen kann, gilt der Vermittler ebenfalls als Anlagevermittler. Wird der Vermittler darüber hinaus selbst rechtsgeschäftlich tätig und schafft die Papiere in fremden Namen für fremde Rechnung an bzw. veräußert sie, so handelt es sich gemäß § 2 Abs. 3 Nr. 3 WpHG um Abschlußvermittlung. Der Makler tritt dann als Stellvertreter für die Anlagegesellschaft gegenüber dem Kunden oder auch umgekehrt auf. Da es sich in beiden Fällen um eine Vermittlungtätigkeit handelt und das WpHG beide Formen hinsichtlich der zu erfüllenden Pflichten gleichstellt, wird im Folgenden der Begriff der „Anlagevermittlung" verwendet.

Oft wird es jedoch so sein, daß sich der Anleger aufgrund fehlender Fachkenntnisse, mangelnden Überblicks über die wirtschaftlichen Zusammenhänge sowie der Vielfalt der Angebote an einen Anlageberater wendet, um umfassend beraten zu werden. Der Anleger erwartet eine unabhängige fachkundige Bewertung und individuelle Beurteilung der mitgeteilten Informationen unter Berücksichtigung seiner ganz persönlichen Verhältnisse.[180] Gemäß § 2 Abs. 3a Nr. 3 WpHG ist die Anlageberatung in Wertpapieren, Geldmarktinstrumenten oder Derivaten als Wertpapiernebendienstleistung einzustufen.

In der Praxis gestaltet sich eine klare Abgrenzung zwischen Anlagevermittlung und Anlageberatung recht schwierig. Diese Trennung ist aber notwendig, da den Anlageberater über die Aufklärung hinausgehende Beratungspflichten treffen.[181] Die zu leistenden Aufklärungspflichten sind sowohl für den Anlagevermittler als auch für den Anlageberater gleich.

---

[178] Schäfer, in: Schäfer/Müller, Rn. 8.
[179] BGH, WM 1993, 1238, 1239; von Heymann, in: Assmann/Schütze, § 5 Rn. 4.
[180] Raeschke-Kessler, WM 1993, 1830, 1831; v. Heymann, in: Assmann/Schütze, § 5 Rn. 3.
[181] BGH, WM 1987, 531, 532; BGH, WM 1993, 1238, 1239; Schäfer, in: Schäfer/Müller, Rn. 10.

Ein Anlagevermittler kann grundsätzlich auch eine Anlageberatung durchführen,[182] was in der Praxis auch regelmäßig geschieht. Vor der Vermittlung findet eine Beratung statt, da ein Großteil der Anleger eben nicht über die notwendige Fachkenntnis verfügt. Tritt die Anlageberatung zu der Anlagevermittlung hinzu, so fällt die gesamte Dienstleistung unter die Anlageberatung.[183]

Teilweise wird die Meinung vertreten, daß die Grenzen zwischen Anlagevermittlung und Anlageberatung so verwischt sind, daß die Vermittlung in der Anlageberatung aufgegangen sei. Ein Hinweis sei, daß die §§ 31 ff. WpHG keine Unterscheidung zwischen beiden Formen treffen und auf beide Formen Anwendung finden.[184]

Entgegen dieser Ansicht unterscheidet das WpHG sehr wohl zwischen der Wertpapierdienstleistung Anlagevermittlung in § 2 Abs. 3 Nr. 4 WpHG und der Wertpapiernebendienstleistung Anlageberatung in § 2 Abs. 3a Nr. 3 WpHG. § 32 WpHG nimmt ebenfalls eine Unterscheidung insofern vor, als er Empfehlungsverbote normiert, die sich auf die Beratungsleistung beziehen.[185]

Darüber hinaus trifft die Verhaltens-Richtlinie nach § 35 Abs. 6 WpHG zur Konkretisierung der §§ 31, 32 WpHG in Ziff. 2 Abs. 4 ausdrücklich eine Unterscheidung, ob das Wertpapierdienstleistungsunternehmen lediglich Aufträge ausführt (sogenanntes „Execution-Only") bzw. eine die persönlichen Verhältnisse des Kunden berücksichtigende Anlageempfehlung folgt. Für das „Execution-Only"-Geschäft wird auf die Regelungen unter Ziff. 2.6 VRL verwiesen.

Aus diesen Gründen ist eine Unterscheidung der Begriffe Aufklärung und Beratung sowie ihrer Pflichten zu beachten.[186] Eine synonyme Verwendung ist strikt zu vermeiden, wenngleich dies in der Literatur nicht immer der Fall ist.[187] Im Folgenden werden zuerst die Aufklärungspflichten dargestellt, anschließend die ausschließlich die Anlageberatung treffenden Beratungspflichten.

---

[182] Schwintowski/Schäfer, § 11 Rn. 60.
[183] Schäfer, in: Schäfer, § 2 Rn. 31.
[184] Assmann, in: Assmann/Schneider, § 2 Rn.18; Schwintowski/Schäfer, § 11 Rn. 60.
[185] Nobbe, S. 238.
[186] Nobbe, S. 237.
[187] Roth, in: Assmann/Schütze, § 12 Rn. 20; Vortmann, Rn. 6; Hopt, Bankrechtstag, S. 3; Kümpel, WM 1995, 689, 691; Arendts; WM 1993, 229, 230.

8.2 Allgemeine Pflichten bei der Aufklärung

Der Wertpapierdienstleister hat bei der Aufklärung des Anlegers der Pflicht zur Wahrheit, Vollständigkeit, Klarheit und Verständlichkeit der Informationen nachzukommen.[188] Die Wahrheitspflicht gilt in der Literatur als zentrale Verhaltenspflicht bei der Aufklärung eines Anlegers.[189] Unzweifelhaft können nur der Wahrheit entsprechende vollständige Informationen dem Anleger die Möglichkeit geben, eine eigenverantwortliche Entscheidung über seine Kapitalanlage zu treffen. Aufklärungspflichten erfüllen nur dann ihren Zweck, wenn der Anleger die Informationen auch versteht. Der Wertpapierdienstleister hat dementsprechend eine klar verständliche Aufklärung zu leisten.[190]

Da diese Pflichten grundlegende Bedeutung für die Finanzdienstleistung haben, darüber hinaus aber auch für den gesamten Geschäftsverkehr schlechthin, werden sie als Grundpflichten bezeichnet.

8.3 Form der Aufklärung

Aufklärungspflichten können grundsätzlich formfrei erfüllt werden.[191] Eine mündliche Aufklärung ist grundsätzlich möglich.[192] Sie wird jedoch umso weniger verständlich sein, wie die Informationen nach Umfang und Schwierigkeitsgrad für den Anleger zunehmen.[193] Die Aufklärung hat sich an dem individuellen Kenntnisstand des Anlegers zu orientieren und unmißverständlich und gedanklich geordnet zu erfolgen.[194] Sie darf nicht nur für Anleger mit Fachkenntnissen verständlich sein. Fachbegriffe und Fremdwörter sind zu vermeiden, sofern diese dem Anleger nicht bekannt sind. Kann auf Fremdwörter oder z.b. englische Fachbegriffe nicht verzichtet werden, so sind diese gegebenenfalls zu übersetzen, in jedem Fall zu erläutern.[195]

---

[188] Buhk, S. 72; BGH, WM 1993, 1455, 1456; OLG Frankfurt a.M., WM 1994, 542, 543.
[189] Hopt, Kapitalanlegerschutz, S. 431.
[190] Kümpel, WM 1995, 689, 690.
[191] Schäfer, in: Schäfer/Müller, Rn. 42.
[192] Kümpel, WM 1995, 689, 692.
[193] Buhk, S.73.
[194] BGH, WM 1996, 1214, 1215; Raeschke-Kessler, WM 1993, 1830, 1835.
[195] Raeschke-Kessler, WM 1993, 1830, 1835.

Aufgrund einer natürlichen, aber doch individuell unterschiedlichen, begrenzten Aufnahmefähigkeit des Menschen besteht die Gefahr, daß am Anfang eines Gespräches gegebene Informationen am Ende des Gesprächs schlicht vergessen sind. Dies ist umso wahrscheinlicher je umfangreicher die Informationsmenge und je höher der Schwierigkeitsgrad der dargestellten Zusammenhänge ist.[196]

Nur eine schriftliche Aufklärung ist bei schwierigen wirtschaftlichen Zusammenhängen geeignet, ihren Zweck zu erfüllen.[197] Ein schriftliche Aufklärung in Form einer standardisierten Broschüre ist grundsätzlich geeignet, Informationen verständlich mitzuteilen.[198] Dem Anleger bleibt so die Möglichkeit, ihm unklar gebliebene, schwierige Sachverhalte jederzeit nachzulesen. Schwierige Zusammenhänge können durch Tabellen oder Grafiken anschaulich dargestellt werden.

Die Aufklärungsbroschüre soll sich auf die Informationen beschränken, die dem durchschnittlichen Anleger mündlich nicht mehr verständlich erteilt werden können.[199] Da standardisierte Aufklärungsbroschüren immer nur allgemeine, nie zeitlich aktuelle Informationen mitteilen können, werden sie dem individuellen Informationsbedürfnis des Anlegers regelmäßig nicht gerecht. Sie leisten nur eine Grundaufklärung über wirtschaftliche Zusammenhänge und Risiken.[200] Es reicht ebenfalls nicht aus, dem Anleger die Broschüre nur zu übergeben und ihm das Heraussuchen, der für ihn wichtigen Informationen allein zu überlassen.[201]

Um dieses Informationsbedürfnis zu befriedigen, soll der Anleger sowohl mündlich als auch schriftlich aufgeklärt werden. Die mündliche Aufklärung soll die in der standardisierten Aufklärungsbroschüre enthaltenen Informationen unter Berücksichtigung des individuellen Kenntnisstandes und der Verständnisfähigkeit des Anlegers so erläutern, daß diesem die Informationen verständlich sind.[202] Darüber hinaus ist die schriftliche Aufklärung grundsätzlich zu empfehlen, um so eine einheitliche Grundaufklärung sicherzustellen und den Beweis des Inhalts

---

[196] LG Düsseldorf, WM 1995, 333, 334.
[197] BGH, WM 1991, 667; LG Düsseldorf, WM 1995, 333, 334.
[198] BGH, WM 1997, 811, 812; OLG München, WM 1998, 2188, 2189.
[199] BGH, BB 1994, 305, 306.
[200] BGH, WM 1997, 811, 812; OLG Frankfurt a.M., WM 1994, 542, 543; Kümpel, WM 1995, 689, 693.
[201] BGH, WM 1997, 309, 310; BGH, WM 1996, 1214, 1215.
[202] Kümpel, WM 1995, 689, 693.

der Aufklärung erbringen zu können. Vom Anleger hat sich der Wertpapierdienstleister die Aushändigung der Broschüre bestätigen zu lassen, was vereinzelt in der Literatur gefordert wird.[203]

Die geforderte Aufklärung kann auch im Internet durchgeführt werden. Um die Schriftlichkeit zu erfüllen, stellt der Wertpapierdienstleister die Broschüre, die er sonst dem Anleger übergibt oder übersendet, im Internet zum Abruf bereit. Den mündlichen Teil der Aufklärung erfüllt der im Außendienst tätige Mitarbeiter des Wertpapierdienstleisters. Es ist auch durchaus eine telefonische Aufklärung oder die Aufklärung per E-Mail denkbar. Aufgrund der direkten Kommunikationsmöglichkeit ist die telefonische Aufklärung der Aufklärung per E-Mail vorzuziehen. Eine Frage ist mündlich schneller und präziser formuliert als eine E-Mail am PC eingegeben ist.

8.4 Allgemeine Verhaltensregeln, § 31 WpHG

Zu überprüfen ist, inwieweit die inhaltlichen Forderungen der allgemeinen Verhaltensregeln bei der Anlagevermittlung im Internet erfüllt werden können und müssen.

8.4.1 Interessenwahrung, § 31 I Nr. 1 WpHG

§ 31 Abs. 1 Nr. 1 WpHG statuiert die sogenannte Sorgfaltspflicht, indem er den Wertpapierdienstleister verpflichtet, Wertpapierdienstleistungen und Wertpapiernebendienstleistungen mit der erforderlichen Sachkenntnis, Sorgfalt und Gewissenhaftigkeit im Interesse seiner Kunden zu erbringen. Dadurch wird ein aufsichtsrechtlicher Sorgfaltsmaßstab für das Erbringen von Wertpapierdienstleistungen statuiert, vergleichbar dem Verhaltensmaßstab eines ordentlichen Kaufmannes im Zivilrecht.[204]

---

[203] Heinsius, ZBB 1994, 47, 55.
[204] Balzer, ZBB 1997, 260, 264.

8.4.1.1 Sorgfalt, Sachkenntnis, Gewissenhaftigkeit

Die unbestimmten Rechtsbegriffe Sorgfalt, Sachkenntnis und Gewissenhaftigkeit sind mangels genauerer Ausführung vor dem Hintergrund der EG-WpDRL auszulegen, insbesondere vor dem Art. 11 Abs. 1 2. SpSt EG-WpDRL. Wertpapierdienstleister sollen sich nicht am eigenen finanziellen Vorteil orientieren, sondern haben fremdnützig, d.h. im bestmöglichen Interesse des Anlegers und der Integrität des Marktes zu handeln.[205] Sachkenntnis bezeichnet den konkret vorhandenen Kenntnisstand des Anlagevermittlers hinsichtlich des in Frage stehenden Finanzproduktes. Der anglo-amerikanische Rechtskreis nennt diese Pflicht „know your product"[206] oder „know your merchandise"[207]. Die Erforderlichkeit ist nicht in dem Sinne zu verstehen, daß die Leistung „mehr schlecht als recht" zu erbringen ist, sondern vielmehr vor dem Hintergrund des Art. 11 Abs. 1 2. SpSt WpDRL als geboten im Sinne von verkehrsüblich.[208]

8.4.1.2 Interessen des Kunden

Kunde ist der Vertragspartner des Wertpapierdienstleisters. Hierzu gehört auch der potentielle Kunde, der sich noch in der Geschäftsanbahnung befindet.[209] Im Lichte des Art. 11 Abs. 1 1., 2. SpSt EG-WpDRL hat der Wertpapierdienstleister bestmöglich im Interesse der Kunden zu handeln, selbst wenn er dadurch auf finanzielle Vorteile verzichten muß.[210] Die Interessen des Kunden sind nicht objektiv festzustellen, sondern am konkreten Einzelfall festzumachen. Hierzu kann der Kunde dem Wertpapierdienstleister durch Weisungen o.ä. seine Interessen mitteilen.[211]

Stimmen Aufträge erkennbar nicht mit den Interessen des Kunden überein, sind ihm die Risiken vor Ausführung des Auftrags zu

---

[205] Koller, in: Assmann/Schneider, § 31 Rn. 4 f.
[206] Schäfer, in: Schäfer, § 31 Rn. 4; Schwintowski/Schäfer, § 11 Rn. 71.
[207] Arendts, Anlageberatung, S. 30; Nobbe, S. 247.
[208] Schäfer, in: Schäfer, § 31 Rn. 5.
[209] Koller, in: Assmann/Schneider, § 31 Rn.8; Schäfer, in: Schäfer, § 31 Rn. 6.
[210] Koller, in: Assmann/Schneider, § 31 Rn.8; Schwintowski/Schäfer, § 11 Rn. 86.
[211] Bliesener, S. 212.

verdeutlichen. Anderenfalls ist die Ausführung zu unterlassen.[212] Sind die Anlegerinteressen im Sinne eines homo oeconomicus, der zwar überlegt, aber ohne fundierte Informationen handelt, als unvernünftig einzustufen, ist der Auftrag gleichwohl auszuführen. Eine Verweigerung der Ausführung ist nicht zulässig.[213] Wertpapieraufträge sind gemäß Ziff. 3.3 Abs. 5 S. 1 VRL in Verbindung mit § 10 BörsG unter Berücksichtigung anfallender Kosten, z.b. Provisionszahlungen, zum günstigsten Kurs auszuführen. Bei Zweifeln über die Interessen des Anlegers ist der Wertpapierdienstleister gehalten, diese durch Rückfragen beim Anleger auszuräumen.[214]

Erbringt der Wertpapierdienstleister eine Abschlußvermittlung im Sinne des § 2 Abs. 3 Nr. 3 WpHG, bspw. die Anschaffung oder Veräußerung von Aktien, so ist der Auftrag an dem Ort auszuführen, an dem die besten Konditionen zu erwarten sind. Auch hier ist der Saldo nach Berücksichtigung von Kosten und Kostenersparnissen bei zusammenausgeführten Aufträgen maßgebend. Da ein Wertpapierdienstleister nicht alle Börsenplätze überblicken kann, ist es bei hinreichender Erfahrung auf einem Handelsplatz durchaus zulässig, einen Ausführungsort für die Aufträge in den AGB festzulegen. Gegebenenfalls ist der Anleger darauf hinzuweisen, daß von § 10 BörsG abweichende Regelungen für den Anleger günstiger seien.[215]

Anlegeraufträge sind nach Ziff. 3.2 Abs. 1 S. 1 VRL grundsätzlich zeitnah, d.h. so schnell als möglich auszuführen. Sie sind darüber hinaus in der Reihenfolge ihres Eingangs auszuführen. Sofern eine spätere Ausführung für den Anleger vorteilhaft ist, kann gemäß Ziff. 3.2 Abs. 3 S. 1 VRL von dem Grundsatz der zeitnahen Ausführung abgewichen werden. Dies kann z.B. bei der in Ziff. 3.5 Abs. 1 VRL genannten Zusammenfassung von Aufträgen der Fall sein. Die Kostenvorteile sind an den Kunden weiterzugeben. In jedem Fall darf dem Kunden durch die spätere Ausführung per Saldo kein Nachteil entstehen.[216] Ausdrückliche Weisungen des Anlegers bleiben gemäß Ziff. 3.2 Abs. 3 S. 2 VRL hiervon unberührt, sie sind unbedingt auszuführen.

---

[212] Ziff. 3.3 Abs. 1 S. 3 VRL.
[213] Schäfer, in: Schäfer, § 31 Rn. 12.
[214] Koller, in: Assmann/Schneider, § 31 Rn. 11; OLG Köln, WM 1995, 381, 384.
[215] Koller, in: Assmann/Schneider, § 31 Rn. 13.
[216] Koller, in: Assmann/Schneider, § 31 Rn. 12.

Der Kunde hat - insbesondere aus Beweisgründen bei Unstimmigkeiten - ein Interesse an einer korrekten Dokumentation seines Auftrags, seiner erteilten Anweisungen, des Namens des den Auftrag entgegennehmenden Mitarbeiters, der Uhrzeit der Erteilung und Ausführung des Auftrags sowie der ihm in Rechnung gestellten Provisionen und Spesen. Die Dokumentation ist nach Ziff. 3.6.1 Abs. 1 VRL sowohl schriftlich als auch elektronisch möglich.

Der Kunde darf auf die Richtigkeit der Informationen des Wertpapierdienstleisters vertrauen. Täuschende Angaben z.B. hinsichtlich der Unabhängigkeit eines Unternehmens sind zu unterlassen.[217]

8.4.2 Vermeidung von Interessenkonflikten, § 31 I Nr. 2 WpHG

§ 31 Abs. 1 Nr. 2 WpHG legt dem Wertpapierdienstleister die Pflicht auf, sich um die Vermeidung von Interessenkonflikten zu bemühen und bei unvermeidbaren Konflikten dafür Sorge zu tragen, daß der Kundenauftrag unter der gebotenen Wahrung des Kundeninteresses ausgeführt wird. Interessenkonflikte können nicht nur zwischen Wertpapierdienstleister und Anleger auftreten, sie können auch zwischen den Anlegern existieren. Aus nicht zu vermeidenden Konflikten soll der Wertpapierdienstleister selbst keine Vorteile ziehen und darüber hinaus Schaden vom Anleger abwenden sowie gegebenenfalls mit seinen Interessen hinter die Interessen des Anlegers zurücktreten.[218] Grundsätzlich können Aufklärung, Organisation, Erledigung der Aufträge nach dem Prioritätsprinzip, Gleichbehandlung der Kunden oder Abstandnahme von dem Geschäft geeignete Mittel sein, um Interessenkonflikte zu vermeiden.[219]

Im Verhältnis Wertpapierdienstleister und Anleger ist ein denkbarer Interessenkonflikt, daß der Wertpapierdienstleister die gleichen Papiere wie der Anleger ordern möchte. Dies hat beim Kauf von Papieren vor Erledigung des Anlegerauftrags zur Folge, daß der Anleger zu

---

[217] Koller, in: Assmann/Schneider, § 31 Rn. 24.
[218] Koller, in: Assmann/Schneider, § 31 Rn. 27.
[219] Koller, in: Assmann/Schneider, § 31 Rn. 35.

steigenden Kursen kauft, während beim Verkauf vor Erledigung des Anlegerauftrags der Anleger zu gesunkenen Kursen verkauft.[220]

Im Verhältnis der Anleger untereinander ist ein häufiger Konfliktherd, daß die Anzahl der vorhandenen Papiere nicht ausreicht und somit nicht alle Aufträge ausgeführt werden können.[221] Problematisch ist, wie die Aufträge bedient werden sollen. Möglich ist eine Gleichbehandlung im Sinne einer anteilsmäßigen gleichen Zuteilung.[222] In der Literatur herrscht jedoch Einigkeit darüber, daß eine Zuteilung nach dem Prioritätsprinzip, d.h. entsprechend ihrem Eingang beim Wertpapierdienstleister, die geeignetere Maßnahme zur Vermeidung von Interessenkonflikten darstellt.[223]

Das Vergütungsinteresse an sich begründet sicher keinen Interessenkonflikt zwischen Wertpapierdienstleister und Anleger, da dem Anleger klar sein muß, daß das Wertpapierdienstleistungsunternehmen seine Dienstleistung mit Gewinnerzielungsabsicht erbringt.[224] Ein Interessenkonflikt entsteht jedoch sehr wohl, wenn der Anlagevermittler seiner Aufklärungspflicht zwar nachkommt, dies aber unter Minimierung seines Zeitaufwandes, um so seinen provisionsabhängigen Verdienst relativ zu erhöhen. Inwieweit dabei noch eine interessengerechte Aufklärung aus Sicht des Anlegers erwartet werden kann, ist zweifelhaft.[225]

Ein Interessenkonflikt kann bspw. in der Form vermieden werden, daß der Vermittler seine provisionsabhängige, je nach Gesellschaft unterschiedlich hohe Vergütung offenlegt, um so eine Verschleierung seiner Interessen zu vermeiden. Darüber hinaus verlangt Ziff. 1.2 Abs. 1 VRL, dem Anleger zu ermöglichen, Informationen über die Art, die Höhe und die Berechnung der Kosten zur Kenntnis zu nehmen und gegebenenfalls zu erläutern. Insbesondere ist der Kunde auf Mindestentgelte hinzuweisen.

Die gebotene Wahrung des Kundeninteresses wird bei unvermeidbaren Interessenkonflikten eingehalten, sofern die Auftragsausführung unter

---

[220] Koller, in: Assmann/Schneider, § 31 Rn. 54.
[221] Schäfer, in: Schäfer, § 31 Rn. 15; Koller, in: Assmann/Schneider, § 31 Rn. 55.
[222] Schäfer, in: Schäfer, § 31 Rn. 21.
[223] Bliesener, S. 226 f.; Hopt, Kapitalanlegerschutz, S. 485; Kümpel, WM 1993, 2025, 2027.
[224] Schäfer, in: Schäfer, § 31 Rn. 29.
[225] Koller, in: Assmann/Schneider, § 31 Rn. 64.

geringstmöglicher Beeinträchtigung der erkennbaren Kundeninteressen geschieht.[226]

Weder die Aufklärung noch die Gleichbehandlung des Kunden stellen ein geeignetes Mittel zur Vermeidung von Interessenkonflikten dar.[227] Bei der Aufklärung wird der Kunde über die Möglichkeit eines Interessenkonfliktes informiert, der Konflikt an sich wird aber nicht vermieden.[228] Im Ergebnis trifft dies auch bei der Gleichbehandlung zu, die letztlich die Interessenverletzung nur gleichmäßig verteilt.[229] Die Zurückweisung eines Auftrages wird in der Praxis wohl kaum eine Rolle spielen.[230] Der Grundsatz der Priorität hingegen stellt nach überwiegender Ansicht eine geeignete Möglichkeit zur Vermeidung von Interessenkonflikten dar, da diese so bereits im Ansatz zunichte gemacht werden.[231]

8.4.3 Erkundigungspflicht, § 31 II Nr.1 WpHG

§ 31 Abs. 2 Nr.1 WpHG verpflichtet den Wertpapierdienstleister sich über die Erfahrungen oder Kenntnisse seiner Kunden des in Frage stehenden Geschäftes zu erkundigen. Dadurch wird die Forderung des Art. 11 Abs. 1 S. 2 EG-WpDRL, daß auf die Professionalität der Person, für die die Dienstleistung erbracht wird, abzustellen ist, im WpHG umgesetzt.

Die Erkundigungspflicht nach dem Vorbild der anglo-amerikanischen „know your customer"-Regel[232] soll dem Wertpapierdienstleister die Möglichkeit geben, sich ein Bild von dem Professionalitätsprofil des Anlegers zu verschaffen. Denn nach der Professionalität des Anlegers bestimmen sich letztlich Art und Umfang der gesetzlichen Informationspflicht.[233] Die Erkundigungspflicht dient der inhaltlichen Konkretisierung der den Wertpapierdienstleister treffenden

---

[226] Schäfer, in: Schäfer, § 31 Rn. 28.
[227] Schäfer, in: Schäfer, § 31 Rn. 16 ff.
[228] Hopt, Kapitalanlegerschutz, S. 446; Schäfer, in: Schäfer, § 31 Rn. 17.
[229] Schäfer, in: Schäfer, § 31 Rn. 20.
[230] Schäfer, in: Schäfer, § 31 Rn. 25; Koller, in: Assmann/Schneider, § 31 Rn. 51.
[231] Roth, in: Assmann/Schütze, § 12 Rn. 90; Kümpel, WM 1993, 2025, 2027; Hopt, Kapitalanlegerschutz, S. 485.
[232] Arendts, Anlageberatung, S. 18; Nobbe, S. 247; Schwintowski/Schäfer, § 11 Rn. 73.
[233] Kümpel, WM 1995, 689, 690; Schwintowski/Schäfer, § 11 Rn. 73.

Aufklärungspflichten. Ziff. 2.1 Abs. 2 S. 7 VRL stellt ausdrücklich klar, daß die Angaben nur zur Aufklärung oder Beratung verwendet werden dürfen, es sei denn, der Anleger stimmt einer anderen Verwendung ausdrücklich zu.

Aus diesem Grund sind auch nur Angaben zu erheben, die der Erforschung der den Wertpapierdienstleister treffenden Aufklärungspflichten dienen. Angaben, die über das erforderliche Maß hinaus erhoben werden, müssen dem Kunden vorher angezeigt werden. Ziff. 2.1 Abs. 2 S. 6 VRL beschränkt diese Möglichkeit ausdrücklich auf „einzelne Angaben", die ausschließlich der Vereinfachung dienen.

Ist dem Wertpapierdienstleister z.B. aus langjähriger Geschäftsbeziehung der Kenntnisstand des Anlegers bekannt, so beschränkt sich die Aufklärungspflicht auf die dem Anleger unbekannten Informationen.[234]

Darüber hinaus kann das Auftreten des Kapitalanlegers auf seinen Kenntnisstand hinsichtlich der Risiken des in Frage stehenden Anlagegeschäftes schließen lassen. Hierfür reicht das Nennen einzelner Aspekte einer Anlage regelmäßig nicht aus. Der Anleger, der dem Vermittler seine schlüssige Anlagestrategie detailliert schildert oder eine konkrete Anlagemöglichkeit selbständig vorschlägt, hat Kenntnis von den wesentlichen Umständen des in Frage stehenden Geschäftes.[235]

Erfahrung eines Anlegers darf der Wertpapierdienstleister ebenfalls dann annehmen, wenn der Kapitalanleger sich als Fachmann, z.B. Bankkaufmann oder Anlageberater geriert.[236] Teilweise wird auch die Ansicht vertreten, aus der generellen Geschäftserfahrung des Anlegers[237] bzw. seiner generellen Erfahrung in Wertpapiergeschäften zuverlässige Rückschlüsse auf den individuellen Informationsbedarf schließen zu können.[238] Insbesondere könne bei Akademikern vorausgesetzt werden, daß ihnen das Kursrisiko bei Investmentfonds bekannt sei.[239]

---

[234] BGH, WM 1993, 1455, 1456; Raeschke-Kessler, WM 1993, 1830, 1833.
[235] OLG Köln, WM 1995, 697, 699; LG Bielefeld, WM 1995, 662, 663.
[236] BGH, WM 1997, 309, 311; Arendts, WM 1993, 229, 232.
[237] LG München I, WM 1995, 1309, 1312; Arendts, WM 1993, 229, 232.
[238] Arendts, WM 1993, 229, 232; Canaris, Rn. 1881.
[239] OLG Hamm, WM 1996, 1812, 1814.

Unverständlicherweise hat die Rechtsprechung einschlägige Erfahrungen des Anlegers durchaus als geeignetes Kriterium gewertet, um Rückschlüsse auf dessen tatsächlichen Kenntnisstand zuzulassen.[240]

Richtig ist hingegen, daß unterschiedliche Möglichkeiten der Kapitalanlage auch unterschiedliche Risiken aufweisen, die in aller Regel in keinem Zusammenhang zu der allgemeinen Geschäftserfahrung des Anlegers stehen.[241] Einer in allgemeinen Geschäften erfahrenen Kauffrau muß nicht zwangsläufig das Wechselkursrisiko von ausländischen Aktien bekannt sein.[242] Bei einem Versicherungsmakler dürfen Vorkenntnisse in Börsentermingeschäften ebenfalls nicht vorausgesetzt werden.[243]

Da der Aufklärungsbedarf des Kapitalanlegers vom tatsächlichen Kenntnisstand über das in Frage stehende Geschäft im Zeitpunkt der Aufklärung abhängt, kann der Wertpapierdienstleister sich nicht auf Vermutungen verlassen, sondern ist verpflichtet, den Kapitalanleger nach seinen Erfahrungen und Kenntnissen in Bezug auf das in Frage stehende Geschäft zu befragen.[244] Eine Verpflichtung seitens des Anlegers, die Angaben zu leisten, besteht gemäß § 31 Abs. 2 S. 2 WpHG nicht. Eine Verpflichtung zu wahrheitsgemäßen Angaben besteht ebenfalls nicht.

8.4.3.1 Erforderlichkeit der Angaben

Erkundigungs- und Informationspflicht stehen gemäß § 31 Abs. 2 letzter HS WpHG unter dem Vorbehalt, daß sie im Hinblick auf Art und Umfang der beabsichtigten Geschäfte sowie der Interessenwahrung des Kunden erforderlich sind.

Die vom Anleger verfolgten Ziele sowie seine finanziellen Verhältnisse sind für die Anlagevermittlung nicht von Interesse, da sich die Konkretisierung der Aufklärungspflichten ausschließlich am

---

[240] OLG Köln, WM 1995, 697, 698; OLG Köln, WM 1995, 381, 384; LG Bielefeld, WM 1995, 662, 663.
[241] Canaris, Rn. 1447.
[242] OLG Braunschweig, WM 1996, 1484, 1487.
[243] BGH, WM 1997, 309, 311.
[244] Raeschke-Kessler, WM 1993, 1830, 1833.

Kenntnisstand des Anlegers orientiert.[245] Da der Anlagevermittler Anlageziele und finanzielle Verhältnisse nicht zu beachten hat, sind diese auch nicht zu erfragen.[246]

8.4.3.2 Standardisierter Fragebogen

Um den Kenntnisstand des Kapitalanlegers in Erfahrung zu bringen, gibt es grundsätzlich zwei Möglichkeiten. Neben dem persönlichen Gespräch kann der Wertpapierdienstleister einen standardisierten Fragenkatalog einsetzen.[247] Da ein persönliches Gespräch einen hohen Zeit- und Kostenaufwand für die Befragung und Auswertung der Ergebnisse verursacht, erscheint diese Möglichkeit aus der Sicht des Wertpapierdienstleisters als nicht besonders geeignet.

Ein standardisierter Fragenkatalog[248] ist grundsätzlich geeignet, den Kenntnisstand des Anlegers in Erfahrung zu bringen.[249] Voraussetzung ist jedoch, daß die Fragen, aber auch die Antwortmöglichkeiten geeignet sind, den tatsächlichen Kenntnisstand des Anlegers herauszufiltern. Beim Vertrieb über das Internet kann der Fragebogen auf der Homepage eingestellt werden.

8.4.3.2.1 Geeignetheit der Fragen

Unter der Geeignetheit ist zu verstehen, daß sowohl Fragen als auch Antworten klar und verständlich formuliert sind. Darüber hinaus müssen die Antwortmöglichkeiten so gestaltet sein, daß der tatsächliche Kenntnisstand differenziert hervortritt.[250] Dies gilt für den im Internet eingestellten Fragebogen umso mehr, da der Anleger diesen in aller Regel ohne Hilfestellung des Vermittlers ausfüllt und dieser im Gegensatz zum realen Fragebogen keine Anmerkungen und Erläuterungen geben kann.

---

[245] Kümpel, WM 1995, 689, 690; Raeschke-Kessler, WM 1993, 1830, 1833.
[246] Balzer, DB 1997, 2311, 2315.
[247] Schäfer, in: Schäfer, § 31 Rn. 50.
[248] Siehe Fragebögen im Anhang D, E, F.
[249] Kümpel, WM 1995, 689, 691; Rottenburg, WM 1997, 2381, 2425.
[250] Buhk, S. 133.

Antworten auf ungeeignete Fragen lassen keine zuverlässigen Schlüsse auf den tatsächlichen Kenntnisstand des Anlegers zu. Der Wertpapierdienstleister hat das Risiko einer unzureichenden Aufklärung zu tragen.[251]

Fragen zum bisherigen Anlageverhalten, die durch Ankreuzen einer Produktgruppe beantwortet werden,[252] sind zwar geeignet herauszufinden, ob Erfahrungen irgendwelcher Art für die in Frage stehende Produktgruppe bestehen. Sie sind jedoch ungeeignet, zuverlässig auf die Kenntnis der wesentlichen Informationen beim Anleger schließen zu lassen. Möglicherweise gerade wegen fehlender wesentlicher Informationen und damit verbundener Unkenntnis über die Risiken der Produktgruppe hat sich der Anleger die Kapitalanlage vermitteln lassen.[253]

Ähnlich ungeeignet ist die vom Anleger vorzunehmende Einordnung in Produktkategorien oder Risikoklassen, für die er über notwendige Kenntnisse für eine ausgewogene Anlageentscheidung verfügen soll. Diese Einordnung wird regelmäßig von Discount-Brokern angewendet.[254] Zur Orientierung werden zu jeder Kategorie Beispiele angegeben. Fraglich ist jedoch, ob der Anleger überhaupt beurteilen kann, ob bspw. eine DM-Anleihe guter oder mittlerer Bonität ist.

Fragen nach Dauer, Umfang und Häufigkeit der Geschäfte[255] bieten nicht mehr als bloße Anhaltspunkte dafür, inwieweit der Anleger erfahren sein könnte. Ein sicherer Schluß ist aus den angekreuzten Antworten nicht möglich.[256] So kann der Kapitalanleger, der nur zwei Wertpapierkäufe im Jahr tätigt, genauso gut oder schlecht oder aber auch besser informiert sein, als der Anleger, der mehr als zehn Geschäfte im Jahr tätigt. Gleiches gilt auch für die Höhe der durchschnittlichen Geschäfte.

Angenommen die Höhe des getätigten Geschäftes wäre bezüglich der Erfahrung des Anlegers aussagekräftig, so stellt sich die Frage, um wieviel höher der Kenntnisstand eines Anlegers sein soll, der Geschäfte

---

[251] Buhk, S. 133.
[252] So der Musterentwurf des zentralen Kreditausschusses der deutschen Kreditwirtschaft, siehe Anhang F.
[253] Raeschke-Kessler, WM 1993, 1830, 1834.
[254] So z.B. der Erhebungsbogen von Consors, siehe Anhang E.
[255] So der Musterentwurf des zentralen Kreditausschusses der deutschen Kreditwirtschaft, siehe Anhang F.
[256] Buhk, S. 135.

in Höhe von 101.000 DM tätigt, gegenüber einem Anleger der Geschäfte in Höhe von 99.000 DM tätigt. Da deren Kreuze sich in unterschiedlichen Kästchen (bis 100.000 DM bzw. über 100.000 DM) befinden, könnte man eine unterschiedliche Erfahrung annehmen. Tatsächlich ist die Differenz nur marginal, weshalb auf gleiche Erfahrung zu schließen sein müßte, sofern man das Kriterium der Höhe der getätigten Umsätze gelten lassen würde.

8.4.3.2.2 Falsche oder unvollständige Kundenangaben

Zweck der Erkundigungspflicht ist, daß die den Wertpapierdienstleister treffenden Aufklärungspflichten sich an dem Kenntnisstand des Anlegers orientieren und den Inhalt und Umfang des Informationsbedarfs bestimmen.[257] Täuscht ein Anleger einen Kenntnisstand vor, den er tatsächlich nicht hat, indem er falsche oder unvollständige Angaben macht, so hat er sich an diesem Kenntnisstand messen zu lassen. Der Wertpapierdienstleister darf die vom Anleger angegebenen Kenntnisse als bekannt voraussetzen und seine Aufklärung an seinem Kenntnisstand ausrichten. Wer sich als fachlich kompetent ausgibt, muß sich auch so behandeln lassen.[258]

Voraussetzung ist jedoch, daß dem Anleger die Folgen unrichtiger Angaben bewußt sind. Der Wertpapierdienstleister muß den Anleger darauf hinweisen, daß ihm bei unrichtigen Angaben wesentliche Informationen nicht mitgeteilt werden.[259] Dieser Hinweis sollte im Fragebogen gegeben werden. Unerheblich ist, ob dies im Fragebogen vor oder nach Beantwortung der Fragen geschieht. In jedem Fall soll der Anleger die Kenntnisnahme mit seiner Unterschrift bestätigen.

8.4.3.2.3 Verweigerung der Angaben

Macht ein Anleger von seinem Recht gemäß § 31 Abs. 2 S. 2 WpHG Gebrauch, die standardisierten Fragen zu seinem Kenntnisstand nicht zu beantworten, ist dies kein Grund für die Annahme, daß er bereits über alle erforderlichen Informationen bezüglich der in Frage stehenden

---

[257] BGH, WM 1993, 1455, 1456; BGH, WM 1993, 1238, 1240; Reich, WM 1997, 1601, 1604.
[258] BGH, WM 1997, 309, 311; Raeschke-Kessler, WM 1996, 1764, 1768; Schäfer, in: Schäfer, § 31 Rn. 43.
[259] Raeschke-Kessler, WM 1996, 1764, 1768.

Produktgruppe verfügt. Objektiv gibt er nur zu erkennen, daß er keine Angaben leisten möchte.[260] Der Auftrag des Kunden kann dennoch ausgeführt werden, sofern der Wertpapierdienstleister den Anleger über die wesentlichen Umstände der in Frage stehenden Produktgruppe aufklärt.[261] Schlägt der Anleger auch diese Informationen aus, so ist dies als eigenverantwortliche Entscheidung zu werten, auf entsprechende Aufklärung verzichten zu wollen. Der Wertpapierdienstleister ist nicht verpflichtet, seinen offenbar ungebetenen Rat dem Anleger aufzudrängen.[262] Ziff. 2.4 VRL verpflichtet den Wertpapierdienstleister, sich ernsthaft um die erforderlichen Kundenangaben zu bemühen. Die Möglichkeit, durch Ankreuzen die erforderlichen Angaben zu verweigern, darf nicht als Bestandteil in dem Fragebogen vorgesehen sein.

8.4.3.2.4 Produktbezogene Befragung

Eine produktbezogene Befragung ist geeignet den tatsächlichen Kenntnisstand des Anlegers bezüglich der allgemeinen Risiken der in Frage stehenden Produktgruppe herauszufinden. Bei dieser Befragung soll der Anleger die wesentlichen Risiken der Produktgruppe stichwortartig benennen und erläutern. Bei richtiger Beantwortung der Fragen ist von einer ausreichenden Kenntnis bezüglich der allgemeinen Risiken auszugehen. Eine Aufklärung ist nicht mehr notwendig. Gleichzeitig offenbart der Anleger seinen Aufklärungsbedarf, indem er wesentliche Risiken der in Frage stehenden Produktgruppe nicht nennt bzw. nicht erläutern kann. Über diese Risiken hat der Wertpapierdienstleister den Anleger aufzuklären.[263]

8.4.4 Informationspflicht, § 31 II Nr. 2 WpHG

§ 31 Abs. 2 Nr. 2 verpflichtet den Wertpapierdienstleister seinen Kunden alle zweckdienlichen Informationen mitzuteilen. Ziff. 2.2 Abs. 1 VRL konkretisiert die Informationspflicht dahingehend, daß der Anleger über die Eigenschaften und Risiken der Anlageformen sowie über andere erhebliche Umstände vor der Erteilung eines Auftrages zu unterrichten

---

[260] Koller, in: Assmann/Schneider, § 31 Rn. 92.
[261] Ziff. 2.4 S. 4 VRL.
[262] Canaris, Rn. 1881; Hopt, Kapitalanlegerschutz, S. 423.
[263] Buhk, S. 135.

ist. Der Anleger ist über die allgemeinen und speziellen Risiken der in Frage stehenden Anlagemöglichkeit aufzuklären. Dadurch soll dem Anleger ermöglicht werden, die Risiken und Folgen seiner Anlageentscheidung richtig einzuschätzen. Dem Anleger soll letztlich eine eigenverantwortliche Entscheidung ermöglicht werden.[264] Das wirtschaftliche Risiko der Anlage kann dem Anleger jedoch nicht abgenommen werden. Der Wertpapierdienstleister kann letzlich nicht dafür verantwortlich gemacht werden, wenn sich die gewünschte Rendite nicht verwirklicht.[265]

Die Informationspflicht braucht nur soweit erfüllt werden, wie dies im Hinblick auf Art und Umfang der beabsichtigten Geschäfte und der Interessenwahrung des Anlegers gemäß § 31 Abs. 2 letzter HS WpHG erforderlich ist. Dies bedeutet, insbesondere vor dem Hintergrund des Art. 11 Abs. 1 S. 2 EG-WpDRL, daß sich die Informationspflichten an der Professionalität, d.h. am Kenntnisstand des Anlegers, auszurichten haben. Da unterschiedliche Anleger unterschiedliche Erfahrungs- und Kenntnisstände besitzen, hängt der Umfang der Aufklärungspflichten von den Umständen des Einzelfalles ab.[266] Es läßt sich keine einheitliche Bestimmung des Pflichtenumfangs geben. Die einzelnen Umstände gehen vielmehr in ein bewegliches System der Aufklärungspflichten ein, die sich am Schutzbedürfnis des Anlegers orientieren.[267] Die Aufklärung muß - in Anlehnung an das Bond-Urteil[268] - anleger- und objektgerecht erbracht werden.

Zweckdienlich sind nur solche Informationen, die dem Anleger im Zeitpunkt der Aufklärung nicht bekannt waren. Über die dem Kapitalanleger bekannten Umstände des in Frage stehenden Geschäftes muß der Vermittler nicht aufklären.[269]

---

[264] OLG Braunschweig, WM 1996, 1484, 1485; Kümpel, WM 1995, 689, 690; Raeschke-Kessler, WM 1993, 1830, 1831 f.
[265] OLG Karlsruhe, WM 1999, 1059, 1063; Vortmann, Rn. 294.
[266] BGH, WM 1993, 1455, 1456; OLG Köln, WM 1995, 697, 698; Kümpel, WM 1995, 689, 690; Reich, WM 1997, 1601, 1607.
[267] Rümker, S. 38 f.; Roth, in: Assmann/Schütze, § 12 Rn. 28; Balzer, ZBB 1997, 260, 262.
[268] BGH, WM 1993, 1455.
[269] BGH, WM 1993, 1455, 1456; Raeschke-Kessler, WM 1993, 1830, 1833.

8.4.4.1 Wesentliche Informationen

Wesentliche Informationen sind geeignet, den verfolgten Vertragszweck zu vereiteln, sofern sie dem Anleger nicht genannt werden.[270] Der Vertragszweck liegt bei einer Kapitalanlage in der Erwirtschaftung einer Rendite. Ist die Erwirtschaftung der Rendite in Gefahr oder besteht die Möglichkeit des Kapitalteilverlustes bis hin zum Totalverlust, ist der Vertragszweck gefährdet. Folglich sind alle Informationen, die sich auf das Verlustrisiko sowie die Rendite beziehen, für den Anleger von wesentlichem Interesse.

Insbesondere ist eine Aufklärung über die Basisrisiken, die bei einer Vermögensanlage grundsätzlich bestehen, vorab zu leisten.[271] Die Basisrisiken bei der Vermögensanlage umfassen das Konjunkturrisiko, das Inflationsrisiko, das Länderrisiko, das Währungsrisiko, das Liquiditätsrisiko, das psychologische Marktrisiko, die steuerlichen Risiken, das Risiko bei kreditfinanzierten Wertpapierkäufen sowie den Einfluß von Nebenkosten auf die Gewinnerwartung.[272]

Darüber hinaus ist auch auf andere erhebliche Umstände hinzuweisen, die für den Anleger von wesentlicher Bedeutung sind. Dies sind Informationen, die geeignet sind, Risiken bei der Anlage zu minimieren, wie z.B. die Möglichkeit, Aktienaufträge mit einem Limit zu versehen.[273] Risiken lassen sich danach unterscheiden, ob sie sich allgemein auf die Produktgruppe Aktien oder Investmentfonds oder speziell auf das in Frage stehende Anlagegeschäft beziehen.[274]

8.4.4.1.1 Aufklärung zu Aktien

Neben den allgemeinen, auf die Produktgruppe der Aktien zutreffenden Risiken wie unternehmerisches Risiko, Kursänderungsrisiko, Kursprognosenrisiko, Dividendenrisiko sowie dem Risiko der Psychologie der Marktteilnehmer,[275] ist der Anleger über wesentliche Umstände aufzuklären, die speziell mit der in Frage stehenden Aktie bzw. dem Unternehmen bestehen. Dies sind Umstände, die eine

---

[270] BGH, WM 1971, 1097.
[271] Bliesener, S. 329 f.
[272] Basisinformationen über Vermögensanlagen in Wertpapieren, Consors, S. 81 f.
[273] Ziff. 2.2 Abs. 1 S. 1 VRL; Roth, in: Assmann/Schütze, § 12 Rn. 30.
[274] BGH, WM 1993, 1455, 1456; OLG Düsseldorf, WM 1996, 1082, 1085.
[275] Basisinformationen über Vermögensanlagen in Wertpapieren, Consors, S. 105 f.

Prognose auf die künftige wirtschaftliche Entwicklung des Unternehmens bzw. auf die Kursentwicklung der Aktie zulassen.[276]

Wesentlich sind Informationen über den letzten, den gegenwärtigen sowie den voraussichtlichen Kurs der Aktie, ebenso auffällige, ungewöhnliche Kursentwicklungen in der Vergangenheit.[277] Informationen zur Ertragskraft des Unternehmens sind für den Anleger wesentlich, da diese die künftige Kursentwicklung und damit auch die Rendite der Aktie maßgeblich beeinflußen.[278] Das Kurs-Gewinn-Verhältnis (KGV) einer Aktie ist eine relevante Kennziffer ihrer Bewertung.[279] Aktien, deren Handelsvolumen sehr gering ist, bergen ein erhöhtes Kursrisiko. Schon geringe Umsätze können den Kurs einer Aktie extrem beeinflussen, sowohl nach oben als auch nach unten.

8.4.4.1.2 Aufklärung zu Investmentfonds

Neben den allgemeinen, auf die Produktgruppe der Investmentfonds zutreffenden Risiken wie mangelnden Einfluß auf die Anlagestrategie und die Zusammensetzung des Fondsvermögens, Risiko rückläufiger Anteilspreise, Risiko der Aussetzung, Einfluß der Ausgabekosten auf die Rendite, Risiko der Fehlinterpretation von Performance-Statistiken sowie den besonderen Risiken bei offenen Immobilienfonds,[280] ist der Anleger auf die Risiken hinzuweisen, die speziell bei dem in Frage stehenden Fonds existieren.

Dies sind insbesondere die Anlagestrategie und die Zusammensetzung des Fonds. So ist dem Anleger aufzuzeigen, welche Anlagestrategie das Fondsmanagement des in Frage stehenden Investmentfonds` verfolgt. Schwerpunkte in bestimmten Branchen oder Ländern, zyklische oder antizyklische Verhaltensweisen des Managements, beeinflussen das Risiko einer Anlage und sind dem Anleger mitzuteilen. Der Anleger ist darüber aufzuklären, in welchen Papieren der Fonds zu welchen Anteilen investiert ist. Darüber hinaus ist dem Anleger die Höhe der liquiden Mittel mitzuteilen.[281]

---

[276] Buhk, S. 108.
[277] Roth, in: Assmann/Schütze, § 12 Rn. 30.
[278] Roth, in: Assmann/Schütze, § 12 Rn. 31.
[279] Henn, Rn.1593.
[280] Basisinformationen über Vermögensanlagen in Wertpapieren, Consors, S. 121 f
[281] Nobbe, S. 257.

8.4.4.2 Informationsbeschaffung

Der Wertpapierdienstleister ist grundsätzlich verpflichtet, sich unbekannte Informationen zu beschaffen, um dem Kapitalanleger eine eigenverantwortliche Anlageentscheidung zu ermöglichen. Es widerspricht dem Schutzzweck des WpHG, daß den Wertpapierdienstleister deshalb keine Aufklärungspflichten treffen sollen, weil er selbst keine Kenntnis über wesentliche Informationen hat.[282] Neben der Schutzbedürftigkeit des Anlegers begründet die Möglichkeit der einfacheren Informationsbeschaffung für den Anlagevermittler, die Pflicht zur Beschaffung ihm unbekannter Informationen.[283] Dies gilt im Übrigen sowohl für die allgemeinen Risiken der in Frage stehenden Produktgruppe als auch für die wesentlichen Umstände der in Frage stehenden Anlagemöglichkeit. Diese Pflicht findet ihre Grenze dort, wo der Beschaffungsaufwand für den Wertpapierdienstleister unzumutbar wird.[284]

Die Grenze der Informationsbeschaffungspflicht bestimmt sich nach der Bedeutung der Informationen für den Anleger und dem Aufwand für die Beschaffung. Je höher die Bedeutung für den Anleger, desto mehr Aufwand ist dem Wertpapierdienstleister zuzumuten. So rechtfertigen Informationen zum Bonitätsrisiko eines Emittenten einen höheren Aufwand als Informationen, die Rückschlüsse auf die kurzfristige Kursentwicklung einer Aktie zulassen.[285]

Aufgrund des geringen Beschaffungsaufwandes sowie der Bedeutung für das in Frage stehende Anlagegeschäft, ist der Vermittler verpflichtet, sich den Börsenzulassungsprospekt zu beschaffen und die enthaltenen wesentlichen Informationen bei der Vermittlung zu berücksichtigen.[286] Gleiches gilt für Fachliteratur und die aktuelle Tagespresse, deren Berichterstattung auf fachkundiger und zuverlässiger Recherche beruhen. Dies gilt zumindest dann, wenn die veröffentlichten Informationen Rückschlüsse auf die Bonität des Emittenten zulassen. Der Wertpapierdienstleister hat regelmäßig die überregionalen

---

[282] Drygala, ZHR 159 (1995), 686, 721; Kümpel, WM 1995, 689, 692.
[283] Drygala, ZHR 159 (1995), 686, 720.
[284] Raeschke-Kessler, WM 1993, 1830, 1833;
[285] Buhk, S. 119.
[286] Buhk, S. 120.

Tageszeitungen mit Wirtschaftsteil[287] sowie die Börsenpflichtblätter zu lesen.[288]

Handelt es sich bei dem in Frage stehenden Anlagegeschäft um eine ausländische Aktie, so hat der Wertpapierdienstleister auch die internationale und insbesondere die Fachpresse des Emittentenstaates zu berücksichtigen. Dies gilt unabhängig von der Verfügbarkeit im Inland.[289] Der Wertpapierdienstleister, der diese Informationen, aus welchen Gründen auch immer, nicht berücksichtigen kann, hat bei der Vermittlung entsprechender Anlagemöglichkeiten auf die von ihm nicht zu leistende Aufklärung hinzuweisen.[290] Besteht der Anleger trotz dieses Hinweises auf einer Vermittlung, muß dies als konkludenter Aufklärungsverzicht gewertet werden.[291]

Im Zeitalter des Internet ist es jedem Anlagevermittler und insbesondere dem, der seine Dienstleistung über das Internet anbietet, zuzumuten, sich wesentliche Informationen über das in Frage stehende Anlagegeschäft im Internet zu verschaffen. Hier werden regelmäßig auch Online-Ausgaben der nationalen[292] als auch der internationalen Wirtschaftspresse[293] abrufbar gehalten. Das Internet ermöglicht darüber hinaus auch Informationen abzurufen, die sonst nur in Presseerzeugnissen des Emittentenstaates verfügbar sind. Somit dürfte der finanzielle und organisatorische Beschaffungsaufwand nur noch marginal sein, wenngleich die sprachliche Problematik weiterhin bestehen bleibt.

8.5 Organisationspflichten, § 33 WpHG

§ 33 WpHG normiert Organisationspflichten, um eine ordnungsgemäße Durchführung der Dienstleistung zu gewährleisten. Die Norm trifft jedoch keine Aussage über Inhalt und Umfang der Organisationspflichten. Dies

---

[287] BGH, WM 1993, 1455, 1457; Raeschke-Kessler, WM 1993, 1830, 1832.
[288] Heinsius, ZBB 1994, 47, 53.
[289] Kümpel, WM 1995, 689, 692; Raeschke-Kessler, WM 1993, 1830, 1832.
[290] BGH, WM 1993, 1455, 1457; OLG Braunschweig, WM 1996, 1484, 1485; Kümpel, WM 1995, 689, 691.
[291] Nobbe, S. 251.
[292] Http://www.handelsblatt.com.
[293] Http://www.ftd.de.

regelt die Richtlinie zur Konkretisierung der Organisationspflichten (ORL).

§ 33 Abs. 1 Nr. 1 WpHG verpflichtet den Wertpapierdienstleister die notwendigen Mittel und Verfahren, d.h. eine Organisationsform, für eine ordnungsgemäße Durchführung der Wertpapierdienstleistung vorzuhalten und auch wirksam einzusetzen. Der Wertpapierdienstleister hat ausreichend Personal vorzuhalten, um eingehende Aufträge entgegenzunehmen und zeitnah ausführen zu können.[294]

Zur ordnungsgemäßen Durchführung zählt insbesondere auch die telefonische und elektronische Erreichbarkeit.[295] Wirbt der Wertpapierdienstleister mit der Orderausführung in Realtime, so hat er sicherzustellen, daß sein Computersystem dafür ausgelegt ist. Technische Probleme, z.B. der Ausfall des Computersystems aufgrund Überlastung, hat der Wertpapierdienstleister zu verantworten.[296] Für den Fall, daß Systemausfälle oder –störungen auftreten, hat der Wertpapierdienstleister Vorkehrungen zu treffen, die eine zügige Beseitigung der technischen Probleme gewährleisten.[297] Maßnahmen, wie der Abschluß eines Wartungsvertrages mit dem Serverhersteller oder das Vorhalten einer eigenen Technik-Abteilung sind als selbstverständlich anzusehen. Weitere geeignete Maßnahmen sind der Einsatz von Hochverfügbarkeitssystemen mit hohen Redundanzen in der Hardware, d.h. Systeme sind mehrfach vorhanden.[298]

Der Wertpapierdienstleister hat sicherzustellen, daß seinen Mitarbeitern Informationsquellen wie Reuters, Internet und Research-Material zur Verfügung stehen. Die Mitarbeiter sind durch kontinuierliche Fortbildung auf dem neuesten Stand hinsichtlich Technik und Informationen zu halten.[299] Ein qualifiziertes Beschwerdemanagement ist vorzuhalten, um fehlerhaft erbrachten Wertpapierdienstleistungen Abhilfe zu schaffen.[300]

Nach § 33 Abs. 1 Nr. 2 WpHG muß der Wertpapierdienstleister so organisiert sein, daß Interessenkonflikte bei der Erbringung der Dienstleistung nach Möglichkeit vermieden werden. Dies gilt sowohl für

---

[294] Balzer, WM 2000, 258, 259.
[295] Http://www.bawe.de/pm1_2000.htm (25.02.2000).
[296] LG Nürnberg, BB 2000, 792, 793.
[297] Balzer, WM 2000, 258, 260.
[298] Hüesker, Gespräch vom 20.9.2000.
[299] Bliesener, S. 330; Schäfer, in: Schäfer, § 33 Rn. 5 f.
[300] Balzer, WM 2000, 258, 259; Schäfer, in: Schäfer, § 33 Rn. 7.

Interessenkonflikte zwischen Wertpapierdienstleister und Anleger als auch zwischen Anlegern.

Nach § 33 Abs. 1 Nr. 3 WpHG hat der Wertpapierdienstleister über angemessene interne Kontrollverfahren zu verfügen, die geeignet sind, Verstößen gegen das WpHG entgegenzuwirken. Eine Exkulpationsmöglichkeit bei Fehlverhalten seiner Mitarbeiter ist für den Wertpapierdienstleister nicht gegeben. Er hat vielmehr durch die Organisationsstruktur die Einhaltung der ihn treffenden Verhaltenspflichten sicherzustellen.[301] § 33 WpHG stellt darüber hinaus klar, daß die Verhaltenspflichten der §§ 31, 32 WpHG den Vermittler bzw. Berater auch dann treffen, wenn er aufgrund seiner fehlenden personellen und finanziellen Ausstattung nicht in der Lage war, die ihn treffenden Verhaltenspflichten zu erfüllen.[302]

8.6 Aufzeichnungs- und Aufbewahrungspflichten, § 34 WpHG

§ 34 Abs. 1 WpHG regelt die Aufzeichnungs- und Aufbewahrungspflichten, die ein Wertpapierdienstleister beim Erbringen von Wertpapierdienstleistungen zu beachten hat. Die Annahme und Ausführung eines Auftrages ist unter Angabe des annehmenden Mitarbeiters zu dokumentieren. Die Verhaltens-Richtlinie läßt die elektronische Aufzeichnungsform ausdrücklich als eine der schriftlichen gleichwertige Form zu.[303] Für telefonisch erteilte Aufträge erlaubt die Verhaltens-Richtlinie die Dokumentation durch Tonträgeraufzeichnung. Voraussetzung ist die Einwilligung des Anlegers,[304] z.B. am Anfang der Geschäftsbeziehung.

Eventuell vom Kunden erteilte Anweisungen sind nach § 34 Abs. 1 Nr. 1 WpHG ebenso aufzuzeichnen, wie die Uhrzeit der Annahme und Ausführung des Auftrags (§ 34 Abs. 1 Nr 2 WpHG). Aufträge, die bspw. wegen einer Limitierung nicht sofort ausgeführt werden, sind gemäß Ziff. 3.6.2 Abs. 1 VRL spätestens einen Tag nach Auftragserteilung schriftlich oder elektronisch zu bestätigen (Auftragsbestätigung). Nach Ausführung ist jedes Geschäft gemäß Ziff. 3.6.3 VRL unverzüglich schriftlich oder

---

[301] Ziff. 2.1 ORL.
[302] Koller, in: Assmann/Schneider, § 33 Rn. 4.
[303] Ziff. 3.6.1 Abs. 1 S. 1 VRL.
[304] Ziff. 3.6.1 Abs. 3 S. 1 VRL.

elektronisch dem Kunden anzuzeigen (Geschäftsbestätigung). Aufzuzeichnen sind nach § 34 Abs. 1 Nr. 3 WpHG dem Anleger in Rechnung gestellte Provisionen und Spesen.

Unzutreffend ist die Auffassung, die dem Wertpapierdienstleister die Pflicht zur Aufzeichnung eines Aufklärungs- oder Beratungsgesprächs auferlegen will bzw. diese Pflicht durch das WpHG normiert sieht.[305] Dem Wertpapierdienstleister ist zu raten, eine Weigerung des Anlegers, die nach § 31 Abs. 2 Nr. 1 WpHG erforderlichen Angaben zu machen, sorgfältig zu dokumentieren.[306] Aus zwei Gründen sollte der Wertpapierdienstleister sich die Angaben, die der Anleger gemacht hat unterschreiben lassen. Zum einen erleichtert ihm dies die Beweisführung bei eventuellen späteren Unstimmigkeiten.[307] Zum anderen besitzt die Unterschrift eine Warnfunktion, um dem Anleger die Bedeutung seines Tuns zu verdeutlichen.

§ 34 Abs. 2 WpHG erlaubt dem Bundesministerium der Finanzen die Wertpapierdienstleister durch Rechtsverordnung zu weiteren Aufzeichnungen zu verpflichten, soweit dies zur Überwachung erforderlich ist.

8.7 Ergebnis

Der Anlagevermittler hat den Kapitalanleger über die wesentlichen Umstände der in Frage stehenden Produktgruppe aufzuklären. Darüber hinaus hat er ihm auch die wesentlichen Informationen über das in Frage stehende Anlagegeschäft mitzuteilen. Diese Aufklärungen sind jedoch nur zu leisten, sofern der Kapitalanleger von ihnen keine Kenntnis hat. Die Wesentlichkeit der Informationen sowie der Umfang der Beschaffungspflicht bestimmen sich nach den Umständen des Einzelfalles.

Die inhaltlichen Anforderungen an die Aufklärungspflichten sind für die Abwicklung über das Internet genauso zu bewerten wie bei der herkömmlichen Offline-Abwicklung.

---

[305] OLG Hamm, WM 1996, 1812, 1814.
[306] Jütten, Die Bank 1995, 221, 222.
[307] Jütten, Die Bank 1995, 221, 222.

Führt der Wertpapierdienstleister allein die Abwicklung des Anlagegeschäftes über das Internet durch, läßt die Aufklärung aber wie bisher durch seine Außendienst-Mitarbeiter beim Anleger vor Ort durchführen, so ändert sich im Vergleich zu der bislang üblichen Anlagevermittlung recht wenig. Einzig der Weg der Abwicklung verlagert sich vom Postweg in das Internet mit der positiven Folge, daß die heute übliche Papierflut abnehmen wird.

Führt der Wertpapierdienstleister zusätzlich noch die Aufklärung über das Netz durch, kann er die inhaltlichen Anforderungen der herkömmlichen Anlagevermittlung trotzdem erfüllen. Die Aufklärung über spezielle Risiken des in Frage stehenden Geschäfts kann per E-Mail oder per Telefon erfolgen. Insbesondere bei der telefonischen Aufklärung wäre zumindest noch ein gewisser persönlicher Kontakt zum Anleger gewahrt.

Bietet der Wertpapierdienstleister seine Dienstleistung zu reduzierten Aufklärungspflichten an, so bewegt er sich auf die Funktion eines Discount-Brokers zu.

9 Ausschluß der Aufklärungspflichten durch Discount-Broker

Die sogenannten Discount-Broker bieten ihre Wertpapierdienstleistung seit 1994 unter Ausschluß jeglicher Beratungspflichten und zu reduzierten Aufklärungspflichten an.[308] Zu überprüfen ist, ob und unter welchen Voraussetzungen ein Ausschluß überhaupt möglich ist.

9.1 Zweck des Discount-Brokings

Discount-Broker bieten ihre Wertpapierdienstleistung bei weitgehendem Verzicht auf Service als reine Anlagevermittlung an. Besonders günstige Gebühren werden durch Verzicht auf ein Filialsystem und persönliche Aufklärung erreicht. Der Discount-Broker nutzt vielmehr das Internet bzw. das Telefon als Übermittlungsmedium.[309]

9.2 Ausschluß der Aufklärungspflichten

Während Einigkeit herrscht, daß den Discount-Broker keine Beratungspflichten treffen,[310] ist hingegen zu überprüfen, inwieweit der Ausschluß der Aufklärungspflichten überhaupt möglich ist. Dies kann zum einen durch eine privatrechtliche Einigung geschehen oder durch einen Verzicht auf Aufklärung im Rahmen der Auslegung des § 31 WpHG.

9.2.1 Verzicht durch vertragliche Einigung

Ein wirksamer Verzicht auf die den Anlagevermittler treffenden Aufklärungspflichten kann in einer vertraglichen Einigung zwischen Anlagevermittler und Kapitalanleger liegen. Dann müßte es sich bei § 31

---

[308] Balzer, DB 1997, 2311; Köndgen, ZBB 1996, 361, 364.
[309] Balzer, DB 1997, 2311.
[310] Balzer, DB 1997, 2311; Köndgen, WM 1996, 361, 364; Kümpel, WM 1995, 689, 693; Nobbe, S. 252 f.

WpHG um dispositives, d.h. abänderbares Recht handeln. Aus dem Grundsatz der Vertragsfreiheit als Ausprägung der Privatautonomie folgt, daß Vertragsparteien in ihrer Vertragsgestaltung frei sind.[311] Diese Freiheit findet ihre Grenzen dort, wo es sich bei der in Frage stehenden Norm um zwingendes materielles Recht handelt.

Ob eine gesetzliche Norm als zwingendes Recht einzuordnen ist, bemißt sich im Einzelfall unter Beachtung des Schutzzwecks der Norm. Hat die Vorschrift den Ausgleich eines bestehenden Ungleichgewichts zwischen den Parteien zum Zweck, bei dem eine Partei unverhältnismäßig belastet wird, so ist von zwingendem, d.h. nicht abänderbarem Recht, auszugehen.[312] Der Schutzzweck des § 31 WpHG ist der Schutz des Verbrauchers, dessen Verhältnis sich zum Anlagevermittler durch ein Ungleichgewicht im Wissensstand kennzeichnen läßt. Darüber hinaus bezweckt § 31 WpHG auch den Schutz des ordnungsgemäßen Funktionierens des Kapitalmarkts. Im Ergebnis handelt es sich um eine aufsichtsrechtliche zwingende Norm mit privatrechtlicher Bedeutung.[313]

Da zwingendes Recht nicht abänderbar ist, kann die Aufklärungspflicht durch vertragliche Einigung nicht wirksam ausgeschlossen werden.

9.2.2 Verzicht im Rahmen der Auslegung des § 31 WpHG

Zu überprüfen ist, inwieweit der § 31 WpHG einen Verzicht auf Aufklärung im Wege der Auslegung zuläßt. Dabei ist auf § 31 Abs. 2 Nr. 2 letzter HS WpHG abzustellen. Demnach sind dem Anleger die Informationen mitzuteilen, soweit dies „im Hinblick auf Art und Umfang der beabsichtigten Geschäfte erforderlich ist".

Über die Auslegung dieser Klausel gibt es in der Literatur unterschiedliche Auffassungen. So sieht Reich[314] das Execution-Only-Business als eine eigene Vertriebsform, jedoch nicht als ein besonderes Geschäft an, welches reduzierte Aufklärungspflichten zuläßt. Er macht die Aufklärungspflichten allein vom Kenntnisstand des Anlegers

---

[311] Palandt/Heinrichs, Einf. § 145 Rn. 7; Überbl. 1 vor § 104.
[312] Palandt/Heinrichs, Einf. § 145 Rn. 13.
[313] Koller, in: Assmann/Schneider, § 31 Rn. 128; Köndgen, ZBB 1996, 361; Reich, WM 1997, 1601, 1604.
[314] Reich, WM 1997, 1601, 1606.

abhängig. Ein unerfahrener Anleger ist auch von einem Discount-Broker aufzuklären.

Die herrschende Ansicht hält einen Verzicht auf Aufklärung vom § 31 WpHG gedeckt. Dies bedeutet jedoch nicht, daß der Discount-Broker von allen Aufklärungspflichten befreit ist. Er kann nur soweit befreit sein, wie die Schutzinteressen des Kapitalanlegers dem nicht entgegenstehen.[315] Das Anlegerinteresse ist im Hinblick auf das Geschäft des Discount-Brokings nur gewahrt, wenn der Anleger weiß, worauf er sich einläßt. Der Discount-Broker hat den Anleger soweit aufzuklären, daß dem Anleger eine Entscheidung möglich ist, ob er die Tätigkeit eines Discount-Brokers in Anspruch nehmen möchte oder nicht. Dazu müssen ihm die wesentlichen Folgen seiner Entscheidung, einen Discount-Broker in Anspruch zu nehmen, bekannt sein.[316]

9.3 Aufklärung über wesentliche Umstände und Risiken

Der Discount-Broker hat den Kapitalanleger über die wesentlichen Umstände des Discount-Geschäftes an sich sowie über die allgemeinen Risiken der in Frage stehenden Produktgruppe aufzuklären, damit dem Anleger eine eigenverantwortliche Entscheidung möglich ist, ob er die Dienste eines Discount-Brokers in Anspruch nehmen möchte.[317]

9.3.1 Umstände des Discount-Geschäftes

Der Anleger ist über die wesentlichen Umstände und Risiken bei der Inanspruchnahme eines Discount-Brokers zu informieren. Dem Kapitalanleger ist mitzuteilen, welche Leistungen er zu erwarten hat. Ziff. 2.6 Abs. 1 S. 1 VRL fordert dem Wortlaut nach die Aufklärung spätestens vor der Auftragsannahme. Da sich der Anleger nicht erst bei der Order, sondern bereits vor Eintritt in die Geschäftsbeziehung für oder gegen die Inanspruchnahme des Discount-Brokers entscheidet, sind dem Anleger alle für die Entscheidungsfindung notwendigen

---

[315] Nobbe, S. 252; Jütten, Die Bank 1995, 221, 223; Kümpel, WM 1995, 689, 692; Bliesener, S. 323.
[316] Koller, in: Assmann/Schneider, § 31 Rn.127; Bliesener, S. 329.
[317] Roth, in: Assmann/Schütze, § 12 Rn. 68; Nobbe, S. 252 f.

Informationen bereits zu diesem Zeitpunkt zukommen zu lassen. Dazu gehört insbesondere auch der Hinweis, daß es sich um ein Discount-Geschäft mit reduzierten Aufklärungspflichten handelt.[318]

Der Discount-Broker hat den Anleger deutlich darauf hinzuweisen, daß er weder eine Beratungsleistung erbringt, noch daß er Informationen über das in Frage stehende Anlagegeschäft erteilt. Er führt ausschließlich die vom Anleger erteilten Aufträge aus. Dem Anleger ist mitzuteilen, daß es nur aufgrund dieser reduzierten Aufklärung möglich ist, die Vermittlungstätigkeit zu solch günstigen Gebühren anzubieten.[319] Zusätzlich ist dem Anleger aufzuzeigen, daß das Risiko der ungenügenden Information über das in Frage stehende Anlagegeschäft zu seinen Lasten geht.[320]

Der Kapitalanleger muß erkennen, daß er durch die Geschäftsbeziehung mit dem Discount-Broker auf Rechte wirksam verzichtet, die ihm eigentlich zustehen. Nur wenn er dies erkennt, kann er entscheiden, ob er das Risiko einer unvollständigen und lückenhaften Aufklärung eingeht und sich zur Vermittlung durch den Discount-Broker entschließt.

9.3.2 Risiken der zu vermittelnden Wertpapiergruppe

Der Anleger wird den Hinweis, der Discount-Broker informiere ihn nicht über die Risiken des in Frage stehenden Anlagegeschäftes, nur schwer einschätzen können. Um überhaupt eine Einschätzung vornehmen und damit eine eigenverantwortliche Entscheidung treffen zu können, müssen dem Anleger zumindest die generellen Risiken bekannt sein, die ihn treffen können, wenn er sich für das in Frage stehende Anlagegeschäft entscheidet. Dazu ist der Anleger über die wesentlichen Umstände der in Frage stehenden Produktgruppe aufzuklären.[321]

Diese Aufklärung hat vor der ersten Vermittlung bzw. vor der Geschäftsaufnahme stattzufinden. Die Aufklärungspflicht betrifft den Discount-Broker auch hier nur insoweit, als der Anleger keine Kenntnis von den wesentlichen Umständen der in Frage stehenden

---

[318] Köndgen, ZBB 1996, 361, 364; Nobbe, S. 252.
[319] Jütten, Die Bank 1995, 221, 223; Kümpel, WM 1995, 689, 693; Nobbe, S. 253.
[320] Jütten, Die Bank 1995, 221, 224; Kümpel, WM 1995, 689, 694.
[321] Jütten, Die Bank 1995, 221, 224; Nobbe, S. 254; Bliesener, S. 333.

Produktgruppe besitzt. Bekannte Informationen müssen dem Anleger nicht mitgeteilt werden.[322] Der Kenntnisstand des Anlegers kann auch hier durch den standardisierten Fragebogen in Erfahrung gebracht werden.[323]

9.4 Informationsbroschüre

In der Praxis ist es üblich, daß dem Anleger bei Geschäftsaufnahme eine Informationsbroschüre überreicht wird, in der sowohl die für alle Produktgruppen geltenden Basisrisiken bei der Vermögensanlage als auch die speziellen, nur eine bestimmte Produktgruppe betreffenden Risiken, beschrieben sind. Die Broschüre entspricht praktisch wortwörtlich der vom Kreditausschuß der deutschen Kreditwirtschaft[324] herausgegebenen Broschüre „Basisinformationen über die Vermögensanlage in Wertpapieren".

Fraglich erscheint, ob die Broschüre geeignet ist, jeden Kapitalanleger über die wesentlichen Umstände der in Frage stehenden Produktgruppe zu informieren. Das OLG München[325] stellt in seinem Urteil fest, daß der Wertpapierdienstleister seiner Pflicht zur Aufklärung durch eine standardisierte Informationsbroschüre gemäß Ziff. 2.2 Abs. 1 VRL nachgekommen sei. Es hat jedoch versäumt, sich mit dem Inhalt und Umfang der Broschüre und damit unter Umständen einhergehenden Verständnisproblemen zu befassen.

Nach dem Gesetz vom abnehmenden Ertragszuwachs[326] ist ein Zuviel an Input „Informationen" kontraproduktiv für den Output „Aufklärung". Der Seitenumfang der Broschüre beträgt für die allgemeinen Erläuterungen von Grundstrukturen und Grundbegriffen, für die Basisrisiken, sowie für die speziellen Risiken jeweils 31 Seiten für die Produktgruppe Aktien bzw. Investmentanteile. Soll der Anleger über die wesentlichen Umstände beider Produktgruppen informiert werden, so hat er sich 49 Seiten durchzulesen. Die Seiten sind zwar übersichtlich gestaltet, stellen aber die obere Grenze des Zumutbaren dar.

---

[322] Nobbe, S. 253; Balzer, DB 1997, 2311, 2314.
[323] Rottenburg, WM 1997, 2381, 2393.
[324] Http://www.zka.de
[325] OLG München, WM 1998, 2188, 2189.
[326] Baßeler, S. 156 ff.

Ein in Wertpapiergeschäften erfahrener Anleger wird der Broschüre inhaltlich folgen können. Der unerfahrene Anleger, unter Umständen ohne wirtschaftliche Kenntnisse, ist schlicht überfordert. Abhilfe leisten kann nur eine Broschüre, die dem wirtschaftlich unerfahrenen Anleger die wesentlichen Grundzusammenhänge verständlich erklärt. Da dies den zumutbaren Umfang der Informationsbroschüre bei weitem übersteigen würde, ist diese Möglichkeit nicht geeignet über die wesentlichen Umstände der in Frage stehenden Produktgruppe aufzuklären.[327]

Um dennoch eine individuelle Grundaufklärung zu gewährleisten, bleibt für den Discount-Broker nur die Verpflichtung, zusätzlich eine mündliche Aufklärung zu leisten. Dies kann bspw. auch telefonisch geschehen.[328] Da eine Kommunikation per E-Mail ebenso wie das Telefonat eine wechselseitige Kommunikation mit direkter Fragemöglichkeit zuläßt, erfüllt die Aufklärung per E-Mail den Zweck in gleicher Weise.

Zu empfehlen ist dennoch das Telefonat, da es persönlicher ist und eine individuelle Einstellung auf den aufzuklärenden Anleger noch besser ermöglicht. Zudem bietet ein persönliches Gespräch die Gelegenheit eine Kundenbindung aufzubauen.

Bisher ist es üblich, daß Discount-Broker ausschließlich durch die Informationsbroschüre über die Basisrisiken aufklären. Eine zusätzliche individuelle Aufklärung bei Verständnisproblemen unterbleibt bisher. Dies könnte sich jedoch ändern, wenn sich die Rechtsprechung erstmals mit Fällen über Inhalt und Umfang von Informationsbroschüren sowie deren Verständnisschwierigkeiten befassen muß.

9.5 Einteilung in Risikoklassen

Gängige Praxis bei den Discount-Brokern ist die Einteilung der Anleger in Risikoklassen. Eine Verpflichtung dazu besteht jedoch nicht. Nimmt der Wertpapierdienstleister diese Einstufung vor, so hat er nach Ziff. 2.6 Abs. 2 S. 3 in Verbindung mit Ziff. 2.2 Abs. 5 VRL diese Einteilung bei der Ausführung von Aufträgen zu beachten. Dem Anleger sind die Kriterien der Einstufung offenzulegen. Wünscht der Anleger die

---

[327] Buhk, S. 75.
[328] Härle, Gespräch vom 25.07.2000.

Ausführung eines Auftrags, der in einer höheren Risikoklasse liegt, so kann der Auftrag nach Ziff. 2.2 Abs. 6 VRL gleichwohl ausgeführt werden. Voraussetzung ist jedoch, daß der Anleger die erforderliche Aufklärung vor der Ausführung des Auftrags erhalten hat. Unter der erforderlichen Aufklärung ist nicht der Hinweis auf die Diskrepanz zwischen der zugewiesenen Risikoklasse und der Risikoklasse des gewünschten Anlagegeschäfts gemeint.[329] Vor dem Hintergrund der Aufklärung über die allgemeinen Risiken der in Frage stehenden Produktgruppe vor Eintritt in die Geschäftsbeziehung, ist die Aufklärung auf die gewünschte Produktgruppe der höheren Risikoklasse zu erweitern.

9.6 Beratungspflichten

Läßt der Discount-Broker dem Anleger Informationen, z.B. Marktkommentare, Charts oder Analysen zukommen, die über die erforderliche Aufklärung hinausgehen, so hat er den Anleger in eindeutiger Weise darauf hinzuweisen, daß diese Informationen keine Anlageberatung darstellen, sondern dem Anleger eine selbständige Anlageentscheidung ermöglichen sollen.[330] Unterläßt der Discount-Broker einen klaren Hinweis, so ist das Zurverfügungstellen der Unterlagen als Angebot zum Abschluß eines Beratungsvertrages zu qualifizieren. Nimmt der Anleger die Unterlagen an, so kommt ein konkludenter Beratungsvertrag zustande.

Tritt der Anleger nach Aufnahme der Geschäftsbeziehung an den Discount-Broker heran, um beraten zu werden, so kommt durch die Aufnahme des Beratungsgespräches ebenfalls ein Beratungsvertrag stillschweigend zustande.[331]

9.7 Ergebnis

Das Discount-Broking über das Internet mit reduzierten Aufklärungspflichten ist bereits seit langem Realität. Eine

---

[329] So aber Balzer, DB 1997, 2311, 2316.
[330] Ziff. 2.6 Abs.1 S. 3 VRL.
[331] Balzer, DB 1997, 2311, 2315; Bliesener, S. 350 f.

Grundaufklärung über Basisrisiken bei der Vermögensanlage sowie der in Frage stehenden Produktgruppe muß geleistet werden. Diese Aufklärung kann auch über das Internet erfolgen. Ein völliger Verzicht auf Aufklärung widerspricht dem WpHG.

Dem Anleger ist die Möglichkeit einzuräumen, sich bei Verständnisschwierigkeiten, die beim Lesen der Broschüre auftreten, an den Discount-Broker wenden zu können. Dies kann per Telefon oder per E-Mail geschehen. Dem persönlichen telefonischen Kontakt ist jedoch der Vorzug zu geben.

Der Discount-Broker sollte es vermeiden, sich zu einem Gespräch mit dem Anleger einzulassen, wenn dieser „nur mal eben eine Auskunft" oder „einen Tipp" haben möchte. Auch mit der Beantwortung von Fragen wie „was halten Sie davon?", befindet sich der Discount-Broker kurz vor dem konkludenten Abschluß eines Beratungsvertrages mit allen entsprechenden Pflichten und haftungsrechtlichen Konsequenzen.

10 Anlageberatung

Bisher wird die Anlageberatung üblicherweise von einem Außendienst-Mitarbeiter vor Ort beim Anleger oder in einem Büro durchgeführt. Zu prüfen ist, inwieweit eine Anlageberatung auch im Internet durchgeführt werden kann.

10.1 Kriterien für eine Anlageberatung

Der Anlageberater übernimmt die Aufgabe, den Kapitalanleger individuell unter Berücksichtigung seiner Interessen zu beraten, welche Kapitalanlage unter den gegebenen Voraussetzungen die Anlageziele des Anlegers erfüllt. Er hat nicht nur über das für die Aufklärung notwendige Wissen zu verfügen, sondern auch über eine Marktkenntnis über das in Frage stehende Anlagegeschäft, die ihm eine sachkundige Bewertung und Beurteilung erlaubt, ob das in Frage stehende Geschäft zur Zielerreichung geeignet ist.[332]

Wie bereits oben[333] ausgeführt, ist eine klare Abgrenzung zwischen Anlageberatung und Anlagevermittlung in der Praxis nicht einfach. Und doch gibt es einige Kriterien, die einen Hinweis auf die eine bzw. andere Dienstleistung geben. Der Anlageberater soll über eine größere Anzahl von Wertpapieren verfügen und neutral, individuell und zum Wohl des Anlegers beraten.[334]

Einen Anhaltspunkt, ob es sich um Anlageberatung oder Anlagevermittlung handelt, soll die Entlohnung geben. Provisionszahlungen sollen auf einen Anlagevermittler hinweisen, während ein vom Kunden gezahltes Honorar den Schluß zulassen soll, daß eine Anlageberatung durchgeführt wurde.[335]

Der Schlußfolgerung kann im Fall der Anlageberatung durchaus gefolgt werden, da ein Anleger bei einer Honorarvergütung sich nicht mit der

---

[332] BGH NJW-RR 1993, 1114; OLG Oldenburg, WM 1987, 169 Von Heymann, in: Assmann/Schütze, § 5 Rn. 3; Arendts, WM 1993, 229, 235.
[333] Kap. 8.1.
[334] Schäfer, in: Schäfer/Müller, Rn 187.
[335] BGH, NJW 1982, 1095, 1096.

reinen Anlagevermittlung zufrieden geben wird, sondern vielmehr eine individuelle Beratung erwarten wird. Mit dem Verweis auf die Praxis kann einer Provisionszahlung als Hinweis auf eine Anlagevermittlung nicht gefolgt werden. In der Praxis verlangt der Anleger aufgrund mangelnder Sachkenntnis eine Beratung, anschließend wird ihm die passende Anlage vermittelt. Im Ergebnis handelt es sich dann um Anlageberatung, für die jedoch Provision gezahlt wird.

Weitere Kriterien, die sich an den Verhaltensweisen der Parteien orientieren, wie die Höhe der vom Anleger investierten Summe oder ein Gespräch außerhalb der üblichen Geschäftszeiten[336] sind regelmäßig nicht geeignet auf eine Beratungstätigkeit schließen zu lassen. Vielmehr ist auf den tatsächlichen Inhalt des Aufklärungsgespräches abzustellen.

Ein Wertpapierdienstleister, der in einem Aufklärungsgespräch Bewertungen hinsichtlich der individuellen Interessen des Anlegers vornimmt bzw. dem Anleger eine Bewertung - auch konkludent - anbietet, muß sich an den Verhaltenspflichten eines Anlageberaters messen lassen.[337] Der Wertpapierdienstleister kann auch durch sein Auftreten den Eindruck erwecken, daß er die Funktion eines Anlageberaters übernehmen will. Dies geschieht regelmäßig durch die Selbstdarstellung in der Werbung und die Benutzung des Begriffs „Beratung" auf Visitenkarten und Briefbögen.

Ein Beratungsvertrag kommt hingegen nicht zustande, wenn der Kunde dem Berater den Auftrag erteilt, ihm eine bestimmte Anlage zu vermitteln. Hier handelt es sich regelmäßig um eine Anlagevermittlung mit den entsprechenden Aufklärungspflichten.[338]

10.2 Anleger- und objektgerechte Beratung

Die anleger- und objektgerechte Beratung findet seit dem Bond-Urteil im Juli 1993 in der Rechtsprechung Berücksichtigung. Danach hat der Anlageberater eine auf die persönlichen Verhältnisse des Anlegers zugeschnittene Anlage auszuwählen. Dabei ist auf den Kenntnisstand

---

[336] LG Hamburg, WM 1993, 196, 199.
[337] BGH, NJW-RR 1993, 1114, 1115; BGH, NJW 1982, 1095, 1096; OLG Oldenburg, WM 1987, 169; Bliesener, S.351.
[338] Raeschke-Kessler, WM 1993, 1830, 1831; BGH, WM 1996, 906.

des Anlegers, seine Anlageziele sowie seine finanziellen Verhältnisse abzustellen. Um eine objektgerechte Beratung zu erbringen, hat der Berater die allgemeinen und speziellen Risiken des in Frage stehenden Anlageobjektes miteinzubeziehen.[339]

Die konkrete Ausgestaltung der Beratungspflichten „hängt entscheidend von den Umständen des Einzelfalles ab". Die Umstände fließen in ein bewegliches System ein.[340]

10.2.1 Erkundigungspflicht, § 31 II Nr. 1 WpHG

Hinsichtlich seiner Erkundigungspflicht treffen den Anlageberater weitergehende Pflichten als den Anlagevermittler. Der Anlageberater ist nach § 31 Abs. 2 Nr. 1 WpHG verpflichtet, vom Anleger Angaben über die mit den Geschäften verfolgten Ziele sowie über seine finanziellen Verhältnisse zu verlangen, soweit dies im Hinblick auf die Art des beabsichtigten Geschäftes erforderlich ist.[341] Im Hinblick auf die Funktion des Anlageberaters, nämlich der Bewertung einer in Frage stehenden Anlagemöglichkeit im Hinblick auf die Kundeninteressen, ist es notwendig, eben diese Interessen zu kennen.

10.2.1.1 Kenntnisstand des Kunden

Hinsichtlich des Kenntnisstandes des Anlegers gilt das Gleiche wie bei der Anlagevermittlung.[342] Maßstab ist die Kenntnis bezüglich des in Frage stehenden Anlagegeschäftes. Über dem Anleger bekannte Umstände braucht auch der Anlageberater den Anleger nicht aufzuklären.

---

[339] BGH, WM 1993, 1455, 1456; Heinsius, ZBB 1994, 47, 52; Arendts, Anlageberatung, S. 41.
[340] BGH, WM 1993, 1455, 1456; Kümpel, WM 1995, 689, 692.
[341] Arendts, Anlageberatung, S. 10.
[342] Kap. 8.4.3.

10.2.1.2 Anlageziele

Die Anlageziele des Anlegers müssen dem Anlageberater bekannt sein, damit das in Frage stehende Anlagegeschäft auf seine Eignung hinsichtlich der Ziele überprüft werden kann. Ziff. 2.1 a) S. 2 VRL konkretisiert die Ziele insofern, als der Anleger über sein Interesse an lang- oder kurzfristigen Anlagen, z.b. für die Altersversorgung sowie an einmaligen oder wiederkehrenden Ausschüttungen befragt werden soll. Hierunter ist die Anlagemotivation des Anlegers zu verstehen. Hinsichtlich der Zielerreichung ist der Anleger ebenfalls über seine Risikobereitschaft zu befragen.

Unter der Anlagemotivation ist die geplante Verwendung der erwarteten Kapitalsumme durch den Anleger zu verstehen.[343] Anhand der Anlagemotivation kann der Anlageberater in geeigneter Weise entscheiden, ob die in Frage stehende oder eine andere Anlagemöglichkeit geeignet ist, die Motivation des Anlegers zu befriedigen.[344] Je nachdem, welche Anlagemotivation der Anleger vorgibt, hat der Berater nur bestimmte Anlagemöglichkeiten in Betracht zu ziehen.[345] So ist eine Anlage mit hohem Bonitätsrisiko zur Erzielung eines ständigen Einkommens ebenso ungeeignet, wie eine Anlage mit hohem Liquiditätsrisiko zur kurzfristigen Verfügbarkeit.[346]

Ein weiteres wesentliches Kriterium zur Bewertung, welche Anlagemöglichkeit geeignet ist, die Anlegerinteressen zu berücksichtigen, ist die individuelle Risikoneigung des Anlegers.[347] Darunter ist zu verstehen, ob das in Frage stehende Anlagegeschäft der sicheren oder der spekulativen Kapitalanlage dienen soll.[348] Bei der spekulativen Kapitalanlage nimmt der Anleger das Risiko von Teil- oder Totalverlusten in Kauf, um damit die Möglichkeit einer höheren Rendite zu „bezahlen".[349] Die Risikoneigung des Anlegers bestimmt, ob eine grundsätzlich zur Zielerreichung geeignete Anlagemöglichkeit auch unter

---

[343] Koller, in: Assmann/Schneider, § 31 Rn. 84.
[344] OLG Düsseldorf, WM 1994, 1468; LG München I, WM 1995, 1309, 1312.
[345] Arendts, WM 1993, 229, 232.
[346] OLG Braunschweig, WM 1996, 1484, 1486.
[347] BGH, WM 1993, 1455; OLG Köln, WM 1995, 381, 384; Kümpel, WM 1995, 689, 692;. Arendts, WM 1993, 229, 232.
[348] OLG Köln, WM 1995, 697, 698; OLG Köln, WM 1995, 381, 384; OLG Frankfurt a.M., WM 1994, 542, 544.
[349] Arendts, WM 1993, 229, 232.

Einbeziehung der individuellen Risikoneigung des Anlegers noch geeignet und damit anlegergerecht ist.[350]

Ist die Anlagemotivation eines Anlegers bspw. der langfristige Aufbau eines Kapitalstocks zur Altersversorgung, so ist die Investition in risikobehaftete Biotech-Aktien durchaus geeignet, dieses Ziel zu erreichen. Bezeichnet der Anleger seine Risikoneigung jedoch als „risikobewußt"[351], d.h. höheren Ertragserwartungen stehen angemessene Risiken gegenüber, so ist diese Investition nicht geeignet die Anlegerinteressen zu berücksichtigen. Sie ist nicht anlegergerecht. Die Anlage in einen in deutschen Aktien anlegenden Investmentfonds berücksichtigt hier die Risikoneigung des Anlegers.

Risikoneigung und Anlagemotivation müssen immer unter der Voraussetzung der finanziellen Verhältnisse des Anlegers gesehen werden.[352]

10.2.1.3 Finanzielle Verhältnisse

Die finanziellen Verhältnisse des Kapitalanlegers sind ein wesentliches Kriterium für die Bewertung, welche Anlagemöglichkeit hinsichtlich der Anlegerinteressen geeignet ist.[353] Wesentlich ist insbesondere der Anteil der investierten Summe am Gesamtvermögen und damit die Bedeutung für den Anleger.[354] So sind spekulative Anlagemöglichkeiten, die zu einem Totalverlust führen können, für einen Anleger, dem das angelegte Kapital als monatliche Ergänzung seiner Rente dient, nicht geeignet.[355]

Im Bond-Urteil stellt der BGH auf das Gesamtvermögen des Anlegers ab. Die 20.000,- DM, die in etwa ein Drittel der Lebensersparnisse entsprachen, wurden in spekulative DM-Auslandsanleihen investiert. Diese Anlagestrategie ist wegen fehlender Risikostreuung nicht anlegergerecht. Bei einem Gesamtvermögen hingegen von 600.000,-

---

[350] BGH, WM 1993, 1455, 1456; OLG Köln, WM 1995, 697, 698; OLG Köln, WM 1995, 381, 384; OLG Frankfurt a.M., WM 1994, 542, 544.
[351] Fragebogen des zentralen Kreditausschusses der deutschen Kreditwirtschaft.
[352] Heinsius, ZHR 145, 177, 187.
[353] OLG Düsseldorf, WM 1994, 1468; LG München I, WM 1995, 1309, 1312.
[354] LG München I, WM 1995, 1309, 1312.
[355] LG Hannover, WM 1993, 201, 204; OLG Köln, WM 1995, 381, 383.

DM kann die Anlage von 20.000,- DM in spekulative Anleihen durchaus anlegergerecht sein.

Macht der Anleger auch Angaben über Wertpapierbestände bei anderen Unternehmen, so sind diese Angaben nach Ziff. 2.1 c) Abs. 1 S. 2 VRL ebenfalls zu berücksichtigen. Vor dem Hintergrund der Risikostreuung darf der Anlageberater einem Anleger, der sehr spekulative Aktien in seinem Depot hält, nicht zu weiteren spekulativen Aktien raten.

Die Risikofähigkeit bezeichnet die finanzielle Belastbarkeit des Anlegers. Darunter ist zu verstehen, inwieweit der Anleger finanziell in der Lage ist, den eventuellen Totalverlust einer Kapitalanlage zu verkraften bzw. inwieweit dieser ihn in seiner Existenz gefährdet.[356]

10.2.2. Standardisierter Fragebogen

Aus Gründen der einfacheren Handhabung wird der Anlageberater die erforderlichen Angaben bezüglich der Vermögensverhältnisse und der Anlageziele mittels eines standardisierten Fragebogens erheben. Bei der reinen Anlageberatung im Internet hingegen, besteht die Möglichkeit, die erforderlichen Angaben auf der Homepage abzufragen.

10.2.2.1 Geeignetheit der Fragen

Der Anlageberater darf nur solche Angaben vom Anleger über dessen Vermögensverhältnisse einholen und dokumentieren, die unbedingt erforderlich sind, um seine aus der Beratungstätigkeit resultierenden Verhaltenspflichten erfüllen zu können. Nachforschungspflichten sind auf das tatsächlich Notwendige zu beschränken.[357]

Daher ist zu überprüfen, welche Fragen dem Anlageberater die zur Erfüllung seiner Beratungspflichten notwendigen Informationen verschaffen, dabei aber durch ein Zuviel an Informationen nicht in Konflikt mit den Kundeninteressen kommen lassen. So wird in der

---

[356] Koller, in: Assmann/Schneider, § 31 Rn. 85.
[357] Raeschke-Kessler, WM 1996, 1764, 1766.

Literatur darauf verwiesen, daß bei Durchsuchungen durch die Steuerfahndung auch Konten von unbescholtenen Anlegern offengelegt werden könnten und somit eine ausschließliche Verwendung zum Zwecke der Beratung nicht mehr gewährleistet sei.[358]

Zu Recht wird deshalb gefordert, daß der Wertpapierdienstleister den Anleger beim Einholen der Angaben über die finanziellen Verhältnisse darauf aufmerksam zu machen hat, daß er bei Durchsuchungen der Steuerfahndung die erforderliche Vertraulichkeit nicht gewährleisten kann, selbst wenn der Anleger gar nicht das Ziel dieser Durchsuchung darstellt.[359]

10.2.2.1.1 Finanzielle Verhältnisse

Hinsichtlich der finanziellen Verhältnisse sollen neben der Struktur der Vermögenswerte und den finanziellen Belastungen auch Angaben zum Einkommen und den Berufsaussichten erhoben werden.[360]

Während über die Höhe und die Zusammensetzung des Gesamtvermögens eine ungefähre Angabe ausreicht, sind über die zur Verfügung stehenden liquiden Mittel sowie über die Depotstruktur genaue Angaben erforderlich. Darüber hinausgehende Angaben sind im Rahmen des § 31 Abs. 2 Nr. 1 WpHG entbehrlich. Insbesondere die Frage hinsichtlich der zukünftigen Berufsaussichten ist nicht erforderlich. Die in Frage stehende Anlageentscheidung ist in Abhängigkeit von der finanziellen Situation im Zeitpunkt der Entscheidung zu treffen. Zukünftige Entwicklungen sind unbeachtlich.[361] Allenfalls in der Zukunft liegende, aber bereits feststehende Entwicklungen, z.B. Einkommenssteigerungen oder Beförderungen rechtfertigen eine Berücksichtigung bei der Anlageentscheidung.

Der Anleger ist gemäß Ziff. 2.1 Abs. 3 S. 2 VRL darauf hinzuweisen, daß er dem Berater wesentliche Änderungen in seinen den Angaben zugrunde liegenden Verhältnissen mitteilen soll. Anderenfalls ist eine anlegergerechte Beratung nicht möglich. Erkennt der Anlageberater, daß eine wesentliche Änderung eingetreten ist, so hat er den Anleger erneut

---

[358] Raeschke-Kessler, WM 1996, 1764, 1766.
[359] Raeschke-Kessler, WM 1996, 1764, 1768.
[360] Koller, in: Assmann/Schneider, § 31 Rn. 85.
[361] Buhk, S. 161.

zu befragen. Während die Verhaltens-Richtlinie bei der Beratung zu Investmentanteilen und Aktien keine regelmäßige Erkundigung fordert, ist sie dennoch im Abstand eines Jahres zu empfehlen.[362]

10.2.2.1.2 Anlagemotivation

Die Möglichkeit, die Frage nach dem Anlageziel durch die Auswahl vorgegebener Antworten im Multiple-Choice-Verfahren beantworten zu lassen,[363] ist ein erforderliches, aber auch ausreichendes Mittel, um Auskunft über die Anlagemotivation des Anlegers zu bekommen.[364] Voraussetzung ist jedoch, daß die abstrakten Begriffe mit Beispielen belegt werden, um Mißverständnissen bezüglich des Sinngehaltes entgegenzuwirken. So kann durch die Benennung von zwei oder drei exemplarischen Beispielen wie Bundesschatzbriefe, Kapitallebensversicherung, Anleihen sehr guter Bonität die Gefahr, daß unterschiedliche Anleger ein unterschiedliches Verständnis von einer sicheren Kapitalanlage haben, minimiert werden. Bei kurzfristigen Anlagen kann durch den Zusatz „bis ein Jahr" Klarheit über die Fristigkeit geschaffen werden.

Eine wesentlich zuverlässigere Möglichkeit, die tatsächlich verfolgte Anlagemotivation zu eruieren, ist die Beantwortung einer offenen Frage,[365] die auf das Ziel der Anlage abstellt. Hier muß der Anleger selbst aktiv eine Antwort geben und wählt nicht bloß aus vorgegebenen Antwortmöglichkeiten aus.

10.2.2.1.3 Risikoneigung

Die Risikoneigung wird regelmäßig durch Zuordnung des Anlegers in Risikoklassen erfragt. Die für eine anlegergerechte Beratung erforderliche Differenzierung verlangt die Auswahl aus fünf Risikoklassen. Während die Überschriften „Risikoklasse 1", „Risikoklasse 2", usw. keinen Rückschluß auf die dahinterstehenden Anlagen zulassen,[366] kann zumindest der wertpapiererfahrene Anleger mit den

---

[362] Koller, in: Assmann/Schneider, § 31 Rn. 94.
[363] So im Fragebogen der pma, siehe Anhang D.
[364] Buhk, S. 162.
[365] So im Fragebogen des zentralen Kreditausschusses der deutschen Kreditwirtschaft.
[366] So im Fragebogen von Consors.

Überschriften „Sicherheit", „Konservativ", „Risikobewußt", „Dynamisch" und „Spekulativ" etwas anfangen. Der wertpapierunerfahrene Anleger wird jedoch aus der ausschließlichen Benennung der jeweiligen Risikogruppe keinen Schluß ziehen können.[367] Gleiches gilt für die beispielhafte Zuordnung von Investmentfonds zur jeweiligen Risikoklasse.[368] Durch die Produktnamen wird eher Verwirrung denn Klarheit gestiftet. Eine beispielhafte Ziel- und Risikobenennung konkretisiert die Risikoklasse auch für den unerfahrenen Anleger. Insbesondere die Gegenüberstellung der zu erwartenden Rendite bzw. des Ertrags und dem drohenden Verlustrisiko wie „sehr hohe Ertragserwartung, Totalverlust möglich" verdeutlicht dem Anleger die hinter der Risikoklasse stehenden Anlagegeschäfte.[369]

Eine Einteilung in Risikoklassen schreibt jedoch weder das WpHG noch die Verhaltens-Richtlinie vor, sie ist aber zu empfehlen. Wird sie vorgenommen, hat der Anlageberater sie bei der Ausführung von Aufträgen auch zu beachten.

10.2.2.1.4 Persönliche Angaben

Persönliche Angaben sind auf das erforderliche Maß zu beschränken. Angaben zu Beruf, Position, Güterstand, Anzahl der unterhaltsberechtigten Kinder,[370] zur Partnerin oder gar zum Personalausweis[371] sind nach § 31 Abs. 2 Nr. 1 WpHG für eine anlegergerechte Beratung nicht erforderlich und daher zu unterlassen.

10.2.2.2 Unvollständige Angaben

Hat der Anlageberater nur unvollständige Angaben über die persönlichen Verhältnisse des Kapitalanlegers, weil dieser bspw. nicht bereit ist, alle Angaben zu leisten, so ist eine anlegergerechte Beratung für den Anlageberater nicht möglich. Er hat dies dem Anleger mitzuteilen und

---

[367] Koller, in: Assmann/Schneider, § 31 Rn. 84
[368] So im Fragebogen der pma.
[369] So im Fragebogen von Consors zur Risikoklasse 5a.
[370] So im Fragebogen des zentralen Kreditausschusses der deutschen Kreditwirtschaft.
[371] So im Fragebogen der pma.

von einer Beratung abzusehen. Den „Berater" treffen nun die Aufklärungspflichten eines Anlagevermittlers.[372]

10.2.2.3 Falsche Angaben

Ein Kapitalanleger könnte seine finanziellen Verhältnisse geschönt, d.h. unrichtig darstellen, um so die Ausführung, der von ihm gewünschten Wertpapiere einer bestimmten Produktgruppe zu erreichen, die bei korrekter Beantwortung nicht erreicht würde.[373] Dann gilt das zur Anlagevermittlung bereits Erwähnte.[374] Der Anlageberater kann sich auf die Angaben des Anlegers verlassen und ist nicht zu Schlüssigkeitsprüfungen verpflichtet. Voraussetzung ist jedoch, daß der Anleger auf den Zweck der Angaben hingewiesen wurde. Dem Anleger sind die Konsequenzen einer unrichtigen Beantwortung der Fragen mitzuteilen. Dem Anleger muß klar sein, daß er allein, dann das Risiko einer nicht anlegergerechten Beratung zu tragen hat.[375]

Der Berater sollte sich die Angaben vom Anleger unterschreiben lassen, auch wenn dies nicht vom WpHG gefordert wird. Die Unterschrift soll dem Anleger nochmals die Bedeutung seiner Angaben vor Augen führen.

10.3 Besondere Verhaltensregeln, § 32

Die besonderen Verhaltensregeln des § 32 WpHG konkretisieren die allgemeinen Verhaltensregeln des § 31 Abs. 2 Nr. 2 WpHG durch drei Verbotstatbestände.

Nach § 32 Abs. 1 Nr. 1 WpHG ist eine Empfehlung für den Ankauf oder Verkauf von Wertpapieren verboten, wenn die Empfehlung nicht mit den Kundeninteressen übereinstimmt. Nach § 32 Abs. 1 Nr. 2 WpHG ist es untersagt, Wertpapiere zu empfehlen, um den Preis in eine bestimmte Richtung zu lenken. Schließlich ist es dem Wertpapierdienstleister nach

---

[372] Buhk, S. 164.
[373] Raeschke-Kessler, WM 1996, 1764, 1768.
[374] Kap. 8.4.3.2.2.
[375] Raeschke-Kessler, WM 1996, 1764, 1768.

§ 32 Abs. 1 Nr. 3 WpHG nicht erlaubt, Eigengeschäfte zu tätigen, die für den Anleger nachteilige Folgen haben können.

Da der § 32 Abs. 1 WpHG auf die Empfehlung abstellt, geht er über die bloße Mitteilung von Informationen des § 31 Abs. 2 WpHG hinaus. § 32 Abs. 1 WpHG statuiert ein absolutes Verbot, Kapitalanlegern Anlageempfehlungen zu geben, wenn diese nicht dem Anlegerinteresse entsprechen.

10.4 Ergebnis

Die anleger- und objektgerechte Anlageberatung kann im Internet durchgeführt werden. Die erforderlichen Kundenangaben können unproblematisch über einen Fragebogen auf der Homepage erhoben werden.

Die eigentliche Beratung, d.h. die Bewertung der in Frage stehenden Anlagemöglichkeit hinsichtlich ihrer Eignung für den Anleger kann im Internet per E-Mail durchgeführt werden. Zu empfehlen ist jedoch das wesentlich persönlichere Telefonat. Hierbei kann der Berater Rückfragen zum Sachverhalt wesentlich schneller und präziser als bei einer E-Mail stellen.

Denkbar ist auch, daß die Beratung wie bisher in einem persönlichen Gespräch mit dem Anleger durchgeführt wird. Die erhobenen erforderlichen Daten werden gemeinsam mit dem Anleger während des Gespräches über einen PC in einen Fragebogen auf der Homepage des Wertpapierdienstleisters eingegeben. Der Vertragsabschluß für das empfohlene Anlageprodukt wird dann über das Internet abgewickelt. Hiermit entfällt der heute noch übliche und lästige Papieraufwand.

Anzumerken bleibt noch, daß die Advance Bank nach eigener Aussage als erstes Institut die Beratung auch beim Online-Wertpapierhandel anbietet.[376]

---

[376] Dirk Drechsler, Vorstand Advance Bank, im Interview mit Börse Online, in: Börse Online, 32/2000 v. 3.8.2000, S. 152.

Fraglich ist, ob die angebotene Beratung eine Beratung im Hinblick auf die individuellen Anlageziele des Anlegers bietet oder eher eine allgemeine Produktempfehlung darstellt.

11 Zusammenfassung der Arbeitsergebnisse

Der Vertrieb von Investmentanteilen und Aktien über das Internet ist grundsätzlich möglich und wird heute bereits von den Discount-Brokern durchgeführt. Dieses Angebot richtet sich jedoch nur an informierte Anleger. Es wird nur eine reduzierte Aufklärung über Basisrisiken geboten. Einen völligen Ausschluß der Aufklärung läßt § 31 WpHG nicht zu. Eine notwendige Aufklärung bei Verständnisschwierigkeiten mit der Informationsbroschüre wird bisher nicht geleistet.

Anlagevermittlung und Anlageberatung können hinsichtlich ihrer Aufklärungs- und Beratungspflichten ebenfalls über das Netz abgewickelt werden. Alle Aspekte, die bisher in einem persönlichen Gespräch mit dem Anleger erörtert wurden, werden künftig per E-Mail über das Netz oder besser über den persönlichen Telefonkontakt abgewickelt.

Im Ergebnis ist sowohl die Anlagevermittlung als auch die Anlageberatung künftig unproblematisch auch über das Internet durchführbar. Die inhaltlichen Anforderungen der Pflichten können auch online erfüllt werden. Bis zur Umsetzung der RLeS kann die Geschäftsbeziehung allerdings noch nicht komplett über das Internet abgewickelt werden. Die Legitimation bei der Kontoeröffnung muß noch persönlich vorgenommen werden. Mit Einführung der qualifizierten elektronischen Signatur wird auch die Legitimation und damit die komplette Abwicklung über das Internet möglich sein.

Darüber hinaus kommt der Internet-Wertpapierdienstleister nicht umhin einige Punkt beim Vertrieb von Investmentanteilen und Aktien zu beachten. Diese Punkte als Ergebnisse dieser Arbeit sind nachfolgend in Stichpunkten als durchzuführende Maßnahmen (Do´s) sowie als zu unterlassende Handlungen (Not´s) in einer Checkliste aufgeführt.

11.1 Checkliste

Do´s

... bei Vertragsabschluß

+ deutlicher Hinweis auf Ausschluß der Gebundenheit an das Angebot, (4.1.2)

+ deutlicher Hinweis auf AGB in Form eines Links, (4.1.5.1)

+ AGB so gestalten, daß sie eine angemessene Zeit, z.B. 10 Minuten, auf dem Bildschirm stehenbleiben und nur mit einer bestimmten, gedrückten Tastenkombination bestätigt werden können (4.1.5.2)

+ übersichtliche Gestaltung der AGB, Überschriften fettgedruckt, Schrifttype maximal 10, Länge maximal 25 Seiten, (4.1.5.2)

+ Möglichkeit zum Ansehen und Ausdrucken der AGB bieten, (4.1.5.2)

+ qualifizierte elektronische Signatur als digitale Signatur einsetzen (4.5.5)

... bei der Aufklärung

Kenntnisstand des Anlegers erfragen (8.4.3)

+ telefonische individuelle Aufklärung als Ergänzung zur Informationsbroschüre anbieten (8.3)

+ Bestätigung über Aushändigung der Broschüre unterzeichnen lassen (8.3)

+ Hinweis auf die Bedeutung der richtigen Beantwortung der Fragen zum Kenntnisstand, (8.4.3.2.2)

+ produktbezogene Befragung mit offenen Fragen zu den Risiken des Anlagegeschäftes, (8.4.3.2.4)

+ Aufklärung über allgemeine und spezielle Risiken des Anlagegeschäfts, (8.4.4.1.1 und 8.4.4.1.2)

... bei der Organisation

+ jederzeitige elektronische Erreichbarkeit sicherstellen, (8.5)

+ Vorkehrungen zur schnellen Beseitigung von technischen Störungen treffen, (8.5)

+ Implementierung eines qualifizierten Beschwerdemanagements, (8.5)

+ elektronische Aufzeichnung von Aufträgen, (8.6)

+ Einwilligung des Anlegers zur Tonträgeraufzeichnung bei telefonisch erteilten Aufträgen einholen, (8.6)

+ Weigerung des Anlegers, Auskünfte zu erteilen, dokumentieren (8.6)

... beim Discount-Broking

+ deutlicher Hinweis vor Eintritt in die Geschäftsbeziehung, daß keine Beratungsleistung und nur reduzierte Aufklärung erbracht wird, (9.3.1)

+ deutlicher Hinweis, daß das Risiko der mangelnden Aufklärung zu Lasten des Anlegers geht, (9.3.1)

+ Bestätigungsklick über die Hinweise, (9.3.1)

+ telefonische individuelle Aufklärung als Ergänzung zur Informationsbroschüre anbieten, (9.4)

+ Mitarbeiter entsprechend schulen, um nicht konkludent einen Beratungsvertrag abzuschließen (9.6)

... bei der Anlageberatung

+ Hinweis, daß Vertraulichkeit bei Durchsuchungen nicht gewährleistet ist, (10.2.2.1)

+ Aktualisierung der Anlegerdaten im Abstand eines Jahres, (10.2.2.1.1)

+ ca.-Angaben über Höhe und Zusammensetzung des Gesamtvermögens, (10.2.2.1.1)

+ genaue Angaben über Höhe der liquiden Mittel und Depotstruktur, (10.2.2.1.1)

+ Anlagemotivation im Multiple-Choice-Verfahren mit Beispielen erfragen, (10.2.2.1.2)

+ Risikoklassen beispielhaft erklären, (10.2.2.1.3)

+ Hinweis auf Konsequenzen unrichtiger Beantwortung der Fragen, (10.2.2.3)

+ Unterschrift des Anlegers unter seine Angaben (10.2.2.3)

Not´s

- keine Möglichkeit anbieten, erforderliche Angaben durch ein Kreuz zu verweigern, (8.4.3.2.3)

- wenn nur Vermittlung geboten, dann keinen Anschein für Beratung setzen, (8.1)

- finanzielle Verhältnisse und Anlageziel sind für Vermittlung nicht erforderlich (8.4.3.1)

- persönliche Angaben zu Beruf, Position, Güterstand, Partnerin, Personalausweis sind nicht erforderlich, (10.2.2.1.4)

- bei unvollständigen Angaben von Beratung absehen   =>
Anlagevermittlung (10.2.2.2)

11.2 Ausblick

Künftig wird das Angebot des standardisierten Wertpapierhandels allein nicht ausreichen, um als Wertpapierdienstleister wettbewerbsfähig zu bleiben. Da das Angebot bei allen Anbietern weitgehend gleich sein wird, wird der Preis zum entscheidenden Kriterium für die Auswahl des Wertpapierdienstleisters. Um den Anleger zu binden, müssen ihm Zusatznutzen, wie zusätzliche Produkte, persönliche Betreuung und Beratung, angeboten werden.

Das Produktangebot wird auf andere Sparten, wie z.B. das Versicherungsgeschäft, erweitert werden. Jeder Wertpapierdienstleister wird seinen Anlegern künftig die komplette Allfinanzproduktpalette anbieten müssen, um sich auf dem Markt behaupten zu können. Das reine Angebot wird jedoch nicht ausreichen. Der Anleger verlangt nach qualifizierter Beratung, auch im Internet.

Es wird immer weniger Unterschiede zwischen Banken, Versicherungsunternehmen und Discount-Brokern geben. Discounter werden den Banken vom Produktangebot her immer ähnlicher werden. Banken werden sich den Discountern hinsichtlich des kostengünstigen Vertriebsweges über das Internet angleichen.

Dadurch wird sich ein Verdrängungswettbewerb entwickeln, der zu Marktbereinigungen führen wird. Durch Fusionen und Expansionen über die nationalen Grenzen hinaus, werden einige wenige Wertpapierdienstleister am Ende den Markt beherrschen. Es wird nicht mehr die traditionelle Bank, das traditionelle Versicherungsunternehmen oder „den" Discount-Broker geben. Es wird den Wertpapierdienstleister geben, der die Produktpalette der gesamten Finanzdienstleistungen sowohl im Internet, als auch auf dem traditionellen Weg anbietet.

Die Technologien, wie heute das Internet, aber auch die, die zukünftig noch entwickelt werden, wie z.b. UMTS, werden das Bild der Finanzdienstleistungsbranche in der Zukunft bestimmen.

Technik muß als sinnvolle Ergänzung für den Anleger verstanden werden, nicht als Selbstzweck. Zu denken ist hier in erster Linie an die Bereitstellung von Informationen, um dem Anleger Orientierungshilfen an die Hand zu geben, ihm aber auch eine fundierte Entscheidung zu ermöglichen. Daß Technologien nur durchsetzungsfähig sind, wenn sie ein höchstmögliches Maß an Sicherheit bieten und damit das Vertrauen der Anleger in diese Technologien stärken, ist selbstverständlich.

Der Wertpapierdienstleister, der es schafft, sich in diesem Angleichungs- und Verdrängungswettbewerb durch persönliche Betreuung seiner Anleger vom Wettbewerb abzuheben, wird sich auch in Nischen auf dem Markt behaupten können.

Es gilt USP`s zu schaffen. Eine qualifizierte Beratung über den Außendienst, um die persönliche Kundenbindung zu schaffen in Verbindung mit einer kostengünstigen Abwicklung über das Internet kann das Rezept für die Zukunft sein.

Aber warum kann ein Wertpapierdienstleister nicht offene Informationstage veranstalten an denen sich Interessenten über das Unternehmen informieren können. Hier ist nicht nur an das Produktangebot gedacht. Ähnlich den Neuwageneinführungen bei Autohändlern könnten dies richtige Erlebniswochenenden sein, an denen über den Spaßfaktor am Image der oftmals als langweilig verschrienen Finanzdienstleistungen gearbeitet werden kann. Dies würde sicher auch die jüngeren Zielgruppen ansprechen. Man erreicht eine Kundenbindung über Produkte und Konditionen hinaus.

Entscheidend sind zukünftig nicht allein Konditionen oder Produkte. Entscheidend ist die Kombination von persönlicher Betreuung, Service, Informationen und Konditionen, auch in dieser Reihenfolge.

Nur wer den Spagat zwischen High-Tech und persönlicher Betreuung schafft, der wird dafür sorgen können, daß das persönliche Gespräch mit dem Menschen nicht der Vergangenheit angehören wird.

12 Literaturverzeichnis

Anderer, Boris: Ohne digitale Signatur geht nichts, in: HB, Nr. 99 v. 26.5.1998, S. 38

Arendts, Martin: Beratungs- und Aufklärungspflichten über das einem Wertpapier erteilte Rating, in: WM 1993, S. 229-237

Ders.: Die Haftung für fehlerhafte Anlageberatung, München, 1998, zitiert: Arendts, Anlageberatung

Assmannn, Heinz-Dieter/Schneider Uwe H. (Hrsg.): Kommentar zum Wertpapierhandelsgesetz, 2. Auflage, Köln, 1999, zitiert: Bearbeiter in: Assmann/Schneider, § xx Rn. xx

Assmann, Heinz-Dieter/Schütze, Rolf A. (Hrsg.): Handbuch des Kapitalanlagerechts, 2. Auflage, München, 1997, zitiert: Bearbeiter in: Assmann/Schütze, § xx Rn. xx

Balzer, Peter: Anlegerschutz bei Verstößen gegen die Verhaltenspflichten nach §§ 31 ff Wertpapierhandelsgesetz (WpHG), in: ZBB 1997, S. 260-269

Ders.: Discount-Broking im Spannungsfeld zwischen Beratungsausschluß und Verhaltenspflichten nach WpHG, in: DB 1997, S. 2311-2318

Ders.: Haftung von Direktbanken bei Nichterreichbarkeit, in: ZBB 2000, S. 258-268

Baßeler, Ulrich (1978): Grundlagen und Probleme der Volkswirtschaft, 14. Auflage, Köln, 1995.

Baur, Jürgen: Investmentgesetze, Kommentar, 1. Teilband, 2. Auflage, Berlin, 1997, zitiert: Bearbeiter in: Baur, § xx Rn. xx

Birkelbach, Jörg: Cyber finance - Finanzgeschäfte im Internet, 2. Auflage, Wiesbaden, 1998

Bitz, Michael: Finanzdienstleistungen, München, 1993

Bliesener, Dirk H.: Aufsichtsrechtliche Verhaltenspflichten beim Wertpapierhandel, Berlin, 1998.

Buhk, Matthias: Die Haftung eines Wertpapierdienstleistungsunternehmen bei der Anlagevermittlung und der Anlageberatung, Frankfurt/Main, 1999.

Canaris, Claus-Wilhelm: Bankvertragsrecht, 3. Auflage, Berlin, 1988.

Deville, Rainer/Kalthegener, Regina: Wege zum Handelsverkehr mit elektronischer Unterschrift, in: NJW-CoR 1997, S. 168-172

Drygala, Tim: Termingeschäftsfähigkeit und Aufklärungspflicht beim Handel mit Optionsscheinen, in: ZHR 159 (1995), S. 686-733

Ernst, Stefan: Der Mausklick als Rechtsproblem - Willenserklärungen im Internet in: NJW-CoR 1997, S. 165-167

Flach, Uwe E./Schwarz, Michaela: Kleinanleger reden ein wichtiges Wörtchen mit, in : HB, Nr. 99 v. 26.5.1998, S. 30.

Fringuelli, Pietro Graf/Wallhäuser, Matthias: Formerfordernisse beim Vertragsschluß im Internet, in: CR 1999, S. 93-101

Fröhlich, Uwe: Im Computernetz wird der Nutzer zum „gläsernen Kunden", in: HB, Nr. 99 v.23.5.2000, S. B 3

Geis, Ivo: Die digitale Signatur, in: NJW 1997, S. 3000-3004

Gotta, Frank: Datenmonster aus dem Web, in: HB, Nr. 116 v. 19.6.2000, S. 56

Ders: Gefahr erkannt und abgewehrt, in: HB, Nr. 116 v. 19.6.2000, S. 56

Gravesen, Gavan G./Dumortier, Jos/Eecke, Patrick van: Die europäische Signaturrichtlinie - Regulative Funktion und Bedeutung der Rechtswirkung, in: MMR 1999, S. 577-585

Gröndahl, Boris: Microsoft löst ein Problem, das kaum einer hat, in: Financial Times Deutschland, Nr. 88 v. 8.5.2000, S. 4

Grund-Ludwig, Pia: Angriff über das Datennetz, in: HB, Nr. 116 v. 19.6.2000, S. 57

Heinsius, Theodor: Pflichten und Haftung der Kreditinstitute bei der Anlageberatung, in: ZBB 1994, S. 47-57

Henn, Günter: Handbuch des Aktienrechts, 5. Auflage, Heidelberg, 1994

Heun, Sven-Erik: Die elektronische Willenserklärung – Rechtliche Einordnung, Anfechtung und Zugang, in: CR 1994, S. 595-600

Hoeren, Thomas/Sieber, Ulrich (Hrsg.): Handbuch Multimedia-Recht, Stand: Dezember 1998, München 1999, zitiert: Bearbeiter in: Hoeren/Sieber, Teil xx Rn. xx

Homolka, Walter: Das Wertpapiergeschäft, Wiesbaden, 1994, zitiert: Bearbeiter in: Homolka

Hopt, Klaus J.: Der Kapitalanlegerschutz im Recht der Banken, München, 1975, zitiert: Hopt, Kapitalanlegerschutz

Ders.: Funktion, Dogmatik und Reichweite der Aufklärungs-, Warn- und Beratungspflichten der Kreditinstitute, in: Hadding/Hopt/Schimansky (Hrsg.): Aufklärungs- und Beratungspflichten der Kreditinstitute - Der moderne Schuldturm ? (Bankrechtstag 1992), Berlin, 1993, S. 1 ff, zitiert: Hopt, Bankrechtstag

Ders.: Grundsatz- und Praxisprobleme nach dem Wertpapierhandelsgesetz, in: ZHR 159 (1995), S. 135-163

Jütten, Herbert: Anlageberatung wird neu geordnet, in: Die Bank 1995, S. 221-225

Klaus, Wolfgang: Internet banking, Stuttgart, 1999.

Klunzinger, Eugen (1987): Einführung in das Bürgerliche Recht, 7. Auflage, München, 1997.

Koch, Frank A.: Internet-Recht - Praxishandbuch, München 1998.

Köndgen, Johannes: Wieviel Aufklärung braucht ein Wertpapierkunde?, in: ZBB 1996, S. 361-365

Krol, Ed: Die Welt des Internet, Bonn, 1995.

Kümpel, Siegfried: Die allgemeinen Verhaltensregeln des Wertpapierhandelsgesetzes, in: WM 1995, S. 689-694

Ders.: Wertpapierhandelsgesetz, Berlin, 1996.

Laga, Gerhard: Rechtsprobleme im Internet, Wien 1998

Löhnig, Martin: Die Einbeziehung von AGB bei Internet-Geschäften, in: NJW 1997, 1688-1689

Loewenheim, Ulrich/Koch, Frank A. (Hrsg.): Praxis des Online-Rechts, Weinheim, 1998, zitiert: Bearbeiter in: Loewenheim/Koch,

Narat, Ingo: Fondsanleger zeigen immer mehr Mut zum Risiko, in: HB, Nr. 142 v. 26.7.2000, S. 42

Mehrings, Josef: Verbraucherschutz im Cyberlaw: Zur Einbeziehung von AGB im Internet, in: BB 1998, S. 2373-2380

Ders.: Vertragsabschluß im Internet – Eine neue Herausforderung für das „alte" BGB, in: MMR 1998, S. 30-33

Moritz, Hans-Werner: Quo vadis elektronischer Geschäftsverkehr, in: CR 2000, S. 61-72

Müglich, Andreas: Neue Formvorschriften für den E-Commerce – Zur Umsetzung der EU-Signaturrichtlinie in deutsches Recht, in: MMR 2000, S. 7-13

Nirk, Rudolf: Das Kreditwesengesetz, Frankfurt am Main, 1999

Nobbe, Gerd: Aufklärungs- und Beratungspflichhten bei Wertpapieranlagen, in: RWS-Forum Bankrecht, Köln, 1998

o.V. (a): Im hohen Norden wird schon längst digital unterschrieben, in: HB, Nr. 118 v. 21.6.2000, S. 30

o.V. (b): Verträge im Internet rechtsverbindlich unterschreiben, in: HB, Nr. 118 v. 21.6.2000, S. 30

Palandt: BGB, Kommentar, 59. Auflage, München, 2000, zitiert: Palandt/Bearbeiter § xx Rn. xx.

Pötzsch, Thorsten: Das Dritte Finanzmarktförderungsgesetz, in: WM 1998, S. 949-966

Raeschke-Kessler, Hilmar: Grenzen der Dokumentationspflicht nach § 31 Abs. 2 Nr. 1 WpHG, in: WM 1996, S. 1764-1768

Ders.: Bankenhaftung bei der Anlageberatung über neue Finanzprodukte, in: WM 1993, S. 1830-1838

Rebmann Kurt/Säcker, Franz Jürgen (Hrsg.): Münchener Kommentar zum Bürgerlichen Gesetzbuch, Band 1, 3. Auflage, München, 1993, zitiert: MüKo-Bearbeiter, § xx Rn. xx

Reckinger, Gabriele: Die Kundentreue läßt merklich nach, in: HB, Nr. 99, 26.5.1998, S. 36

Reich, Norbert: Informations-, Aufklärungs- und Warnpflichten beim Anlagengeschäft unter besonderer Berücksichtigung des „execution-only-business" (EOB), in: WM 1997, S. 1601-1609

Rethwilm, Hendrik/Fein, Christian: Die Bank in der Hand haben, in: HB, Nr. 99, 23.5.2000, S. B 2

Roßnagel, Alexander: Europäische Signatur-Richtlinie und Optionen ihrer Umsetzung, in: MMR 1999, S. 261-266

Rottenburg, Franz von: Rechtsprobleme beim Direktbanking, in: WM 1997, 2381-2393

Rümker, Dietrich: Aufklärungs- und Beratungspflichten der Kreditinstitute aus der Sicht der Praxis, in: Hadding/Hopt/Schimansky (Hrsg.): Aufklärungs- und Beratungspflichten der Kreditinstitute - Der moderne Schuldturm ? (Bankrechtstag 1992), Berlin, 1993, S. 29 ff, zitiert: Rümker, Bankrechtstag

Sandl, Ulrich: Wirtschaftspolitische Bedeutung digitaler Signaturen, in: CR 2000, S. 319-324

Schäfer, Frank, A.: Wertpapierhandelsgesetz, Börsengesetz, Verkaufsprospektgesetz, Kommentar, Stuttgart, 1999, zitiert: Bearbeiter in: Schäfer § xx Rn. xx.

Schäfer, Frank A./Müller, Jörg: Haftung für fehlerhafte Wertpapierdienstleistungen, Köln, 1999.

Schubert, Sigrun: Kampf gegen Computer-Viren wird zur größten Herausforderung, in: HB, Nr. 96 v. 18.5.2000, S. 66

Schwintowski, Hans-Peter/Schäfer, Frank A.: Bankrecht, München, 1997.

Sietmann, Richard: Electronic Cash, Stuttgart, 1997

Smith, Richard E.: Internet-Kryptographie, Bonn, 1998

Storz, Friederike: Schutz für das Konto, in: HB, Nr. 102 v. 26./27.5.2000, S. 10

Strömer, Tobias H.: Online-Recht – Rechtsfragen im Internet, 2. Auflage, Heidelberg, 1999

Theis, Horst E.: Die Multimediagesetze, Berlin, 1997.

Ultsch, Michael L.: Willenserklärungen im Internet, in: NJW 1997, 3007-3009

Vortmannn, Jürgen: Aufklärungs- und Beratungspflichten der Banken, 6. Auflage, Köln, 1999

Waldenberger, Arthur: Grenzen des Verbraucherschutzes beim Abschluß von Verträgen im Internet, in: BB 1996, S. 23652371

Broschüren

Consors: Broschüre „Basisinformationen über Vermögensanlagen in Wertpapieren"

Consors: Broschüre „So macht man heute Wertpapiergeschäfte"

Gespräche

Gespräch mit Herrn Dipl.-Ing. Frank Altmeyer, Vorstand [pma:], am 28.4.2000, Inhalt: Zusammenarbeit von pma mit Investmentgesellschaften

Telefongespräch mit Dipl.-Ing. Herrn Frank Altmeyer, Vorstand [pma:], am 15.09.2000, Inhalt: Zurverfügungstellen von Verkaufsunterlagen

Gespräch mit Herrn Dipl.-Biol. Leonard Hüesker, [pma:] software + systeme GmbH, Inhalt: Sicherheit bei Software und Hardware

Gespräch mit Herrn Dr. Philipp A. Härle, RA, Kanzlei Tilp & Kälberer, am 25.07.2000, Inhalt: Aufklärungspflichten von Discount-Brokern

URL

Http://www.bawe.de/compl.htm

Http://www.bawe.de/pm1_2000.htm

Http://www.brokat.com/de/digitale_signatur/index.html

Http://www.brokat.de

Http://www.de-coda.de

Http://www.ftd.de

Http://www.handelsblatt.com

Http://www.mobile-revolution.com

Http://www.regtp.de

Http://www.thur.de/home/ulf/krypto/pgp.html

Http://www.uni-siegen.de/security/krypto/pgp.html

Http://www.zka.de

Anhang A - Auszug aus dem WpHG

Gesetz über den Wertpapierhandel   (Wertpapierhandelsgesetz - WpHG)

in der Fassung der Bekanntmachung vom 9. September 1998 (BGBl. I S. 2708)

§ 1 Anwendungsbereich

Dieses Gesetz ist anzuwenden auf die Erbringung von
Wertpapierdienstleistungen und Wertpapiernebendienstleistungen, den
börslichen und außerbörslichen Handel mit Wertpapieren,
Geldmarktinstrumenten und Derivaten sowie auf Veränderungen der
Stimmrechtsanteile von Aktionären an börsennotierten Gesellschaften.

§ 2 Begriffsbestimmungen

(1) **Wertpapiere** im Sinne dieses Gesetzes sind, auch wenn für sie keine
Urkunden ausgestellt sind,

1. Aktien, Zertifikate, die Aktien vertreten, Schuldverschreibungen,
Genußscheine, Optionsscheine und

2. andere Wertpapiere, die mit Aktien oder Schuldverschreibungen vergleichbar
sind,
wenn sie an einem Markt gehandelt werden können. Wertpapiere sind auch
Anteilscheine, die von einer Kapitalanlagegesellschaft oder einer ausländischen
Investmentgesellschaft ausgegeben werden.

(1a) Geldmarktinstrumente im Sinne dieses Gesetzes sind Forderungen, die
nicht unter Absatz 1 fallen und üblicherweise auf dem Geldmarkt gehandelt
werden.

(2) Derivate im Sinne dieses Gesetzes sind
1. als Festgeschäfte oder Optionsgeschäfte ausgestaltete Termingeschäfte, deren
Preis unmittelbar oder mittelbar abhängt von
a) dem Börsen- oder Marktpreis von Wertpapieren,
b) dem Börsen- oder Marktpreis von Geldmarktinstrumenten,
c) Zinssätzen oder anderen Erträgen oder

d) dem Börsen- oder Marktpreis von Waren oder Edelmetallen,

2. Devisentermingeschäfte, die an einem organisierten Markt gehandelt werden (Devisenfuturegeschäfte), Devisenoptionsgeschäfte, Währungsswapgeschäfte, Devisenswapoptionsgeschäfte und Devisenfutureoptionsgeschäfte.

(3) Wertpapierdienstleistungen im Sinne dieses Gesetzes sind

1. die Anschaffung und die Veräußerung von Wertpapieren, Geldmarktinstrumenten oder Derivaten im eigenen Namen für fremde Rechnung,

2. die Anschaffung und die Veräußerung von Wertpapieren, Geldmarktinstrumenten oder Derivaten im Wege des Eigenhandels für andere,

3. die Anschaffung und die Veräußerung von Wertpapieren, Geldmarktinstrumenten oder Derivaten im fremden Namen für fremde Rechnung,

4. die Vermittlung oder der Nachweis von Geschäften über die Anschaffung und die Veräußerung von Wertpapieren, Geldmarktinstrumenten oder Derivaten,

5. die Übernahme von Wertpapieren, Geldmarktinstrumenten oder Derivaten für eigenes Risiko zur Plazierung oder die Übernahme gleichwertiger Garantien,

6. die Verwaltung einzelner in Wertpapieren, Geldmarktinstrumenten oder Derivaten angelegter Vermögen für andere mit Entscheidungsspielraum.

(3a) Wertpapiernebendienstleistungen im Sinne dieses Gesetzes sind
1. die Verwahrung und die Verwaltung von Wertpapieren für andere, sofern nicht das Depotgesetz anzuwenden ist,

2. die Gewährung von Krediten oder Darlehen an andere für die Durchführung von Wertpapierdienstleistungen durch das Unternehmen, das den Kredit oder das Darlehen gewährt hat,

3. die Beratung bei der Anlage in Wertpapieren, Geldmarktinstrumenten oder Derivaten,

4. die in Absatz 3 Nr. 1 bis 4 genannten Tätigkeiten, soweit sie Devisengeschäfte oder Devisentermingeschäfte, die nicht unter Absatz 2 Nr. 2 fallen, zum Gegenstand haben und im Zusammenhang mit Wertpapierdienstleistungen stehen.

(4) **Wertpapierdienstleistungsunternehmen** im Sinne dieses Gesetzes sind Kreditinstitute, Finanzdienstleistungsinstitute und nach § 53 Abs. 1 Satz 1 des Gesetzes über das Kreditwesen tätige Unternehmen, die Wertpapierdienstleistungen allein oder zusammen mit Wertpapiernebendienstleistungen gewerbsmäßig oder in einem Umfang erbringen, der einen in kaufmännischer Weise eingerichteten Geschäftsbetrieb erfordert.

(5) Organisierter Markt im Sinne dieses Gesetzes ist ein Markt, der von staatlich anerkannten Stellen geregelt und überwacht wird, regelmäßig stattfindet und für das Publikum unmittelbar oder mittelbar zugänglich ist.

§ 31 Allgemeine Verhaltensregeln

(1) Ein Wertpapierdienstleistungsunternehmen ist verpflichtet,
1. Wertpapierdienstleistungen und Wertpapiernebendienstleistungen mit der erforderlichen Sachkenntnis, Sorgfalt und Gewissenhaftigkeit im Interesse seiner Kunden zu erbringen,

2. sich um die Vermeidung von Interessenkonflikten zu bemühen und dafür zu sorgen, daß bei unvermeidbaren Interessenkonflikten der Kundenauftrag unter der gebotenen Wahrung des Kundeninteresses ausgeführt wird.

(2) Es ist ferner verpflichtet,
1. von seinen Kunden Angaben über ihre Erfahrungen oder Kenntnisse in Geschäften, die Gegenstand von Wertpapierdienstleistungen oder Wertpapiernebendienstleistungen sein sollen, über ihre mit den Geschäften verfolgten Ziele und über ihre finanziellen Verhältnisse zu verlangen,

2.seinen Kunden alle zweckdienlichen Informationen mitzuteilen, soweit dies zur Wahrung der Interessen der Kunden und im Hinblick auf Art und Umfang der beabsichtigten Geschäfte erforderlich ist. Die Kunden sind nicht verpflichtet, dem Verlangen nach Angaben gemäß Satz 1 Nr. 1 zu entsprechen.

(3) Die Absätze 1 und 2 gelten auch für Unternehmen mit Sitz im Ausland, die Wertpapierdienstleistungen oder Wertpapiernebendienstleistungen gegenüber

Kunden erbringen, die ihren gewöhnlichen Aufenthalt oder ihre Geschäftsleitung im Inland haben, sofern nicht die Wertpapierdienstleistung oder Wertpapiernebendienstleistung einschließlich der damit im Zusammenhang stehenden Nebenleistungen ausschließlich im Ausland erbracht wird.

§ 32 Besondere Verhaltensregeln

(1) Einem Wertpapierdienstleistungsunternehmen oder einem mit ihm verbundenen Unternehmen ist es verboten,

1. Kunden des Wertpapierdienstleistungsunternehmens den Ankauf oder Verkauf von Wertpapieren, Geldmarktinstrumenten oder Derivaten zu empfehlen, wenn und soweit die Empfehlung nicht mit den Interessen der Kunden übereinstimmt;

2. Kunden des Wertpapierdienstleistungsunternehmens den Ankauf oder Verkauf von Wertpapieren, Geldmarktinstrumenten oder Derivaten zu dem Zweck zu empfehlen, für Eigengeschäfte des Wertpapierdienstleistungsunternehmens oder eines mit ihm verbundenen Unternehmens Preise in eine bestimmte Richtung zu lenken;

3. Eigengeschäfte aufgrund der Kenntnis von einem Auftrag eines Kunden des Wertpapierdienstleistungsunternehmens zum Ankauf oder Verkauf von Wertpapieren, Geldmarktinstrumenten oder Derivaten abzuschließen, die Nachteile für den Auftraggeber zur Folge haben können.

(2) Den Geschäftsinhabern eines in der Rechtsform des Einzelkaufmanns betriebenen Wertpapierdienstleistungsunternehmens, bei anderen Wertpapierdienstleistungsunternehmen den Personen, die nach Gesetz oder Gesellschaftsvertrag mit der Führung der Geschäfte des Unternehmens betraut und zu seiner Vertretung ermächtigt sind, sowie den Angestellten eines Wertpapierdienstleistungsunternehmens, die mit der Durchführung von Geschäften in Wertpapieren, Geldmarktinstrumenten oder Derivaten, der Wertpapieranalyse oder der Anlageberatung betraut sind, ist es verboten,

1. Kunden des Wertpapierdienstleistungsunternehmens den Ankauf oder Verkauf von Wertpapieren, Geldmarktinstrumenten oder Derivaten unter den Voraussetzungen des Absatzes 1 Nr. 1 oder zu dem Zweck zu empfehlen, für

den Abschluß von Geschäften für sich oder Dritte Preise von Wertpapieren, Geldmarktinstrumenten oder Derivaten in eine bestimmte Richtung zu lenken;

2. aufgrund der Kenntnis von einem Auftrag eines Kunden des Wertpapierdienstleistungsunternehmen zum Ankauf oder Verkauf von Wertpapieren, Geldmarktinstrumenten oder Derivaten Geschäfte für sich oder einen Dritten abzuschließen, die Nachteile für den Auftraggeber zur Folge haben können.

(3) Die Absätze 1 und 2 gelten unter den in § 31 Abs. 3 bestimmten Voraussetzungen auch für Unternehmen mit Sitz im Ausland.

§ 33 Organisationspflichten

(1) Ein Wertpapierdienstleistungsunternehmen
1. ist verpflichtet, die für eine ordnungsmäßige Durchführung der Wertpapierdienstleistung und Wertpapiernebendienstleistung notwendigen Mittel und Verfahren vorzuhalten und wirksam einzusetzen;

2. muß so organisiert sein, daß bei der Erbringung der Wertpapierdienstleistung und Wertpapiernebendienstleistung Interessenkonflikte zwischen dem Wertpapierdienstleistungsunternehmen und seinen Kunden oder Interessenkonflikte zwischen verschiedenen Kunden des Wertpapierdienstleistungsunternehmens möglichst gering sind;

3. muß über angemessene interne Kontrollverfahren verfügen, die geeignet sind, Verstößen gegen Verpflichtungen nach diesem Gesetz entgegenzuwirken.

(2) Bereiche, die für die Durchführung der Wertpapierdienstleistungen oder Wertpapiernebendienstleistungen wesentlich sind, dürfen auf ein anderes Unternehmen nur ausgelagert werden, wenn dadurch weder die Ordnungsmäßigkeit dieser Dienstleistungen noch die Wahrnehmung der Pflichten nach Absatz 1, noch die entsprechenden Prüfungsrechte und Kontrollmöglichkeiten des Bundesaufsichtsamtes beeinträchtigt werden. Das Wertpapierdienstleistungsunternehmen hat sich insbesondere die erforderlichen Weisungsbefugnisse vertraglich zu sichern und die ausgelagerten Bereiche in seine internen Kontrollverfahren einzubeziehen.

§ 34 Aufzeichnungs- und Aufbewahrungspflichten

(1) Ein Wertpapierdienstleistungsunternehmen hat bei der Erbringung von Wertpapierdienstleistungen aufzuzeichnen

1. den Auftrag und hierzu erteilte Anweisungen des Kunden sowie die Ausführung des Auftrags,

2. den Namen des Angestellten, der den Auftrag des Kunden angenommen hat, sowie die Uhrzeit der Erteilung und Ausführung des Auftrags,

3. die dem Kunden für den Auftrag in Rechnung gestellten Provisionen und Spesen,

4. die Anweisungen des Kunden sowie die Erteilung des Auftrags an ein anderes Wertpapierdienstleistungsunternehmen, soweit es sich um die Verwaltung von Vermögen im Sinne des § 2 Abs. 3 Nr. 6 handelt,

5. die Erteilung eines Auftrags für eigene Rechnung an ein anderes Wertpapierdienstleistungsunternehmen, sofern das Geschäft nicht der Meldepflicht nach § 9 unterliegt; Aufträge für eigene Rechnung sind besonders zu kennzeichnen.

(2) Das Bundesministerium der Finanzen kann nach Anhörung der Deutschen Bundesbank durch Rechtsverordnung, die nicht der Zustimmung des Bundesrates bedarf, die Wertpapierdienstleistungsunternehmen zu weiteren Aufzeichnungen verpflichten, soweit diese zur Überwachung der Verpflichtungen der Wertpapierdienstleistungsunternehmen durch das Bundesaufsichtsamt erforderlich sind. Das Bundesministerium der Finanzen kann die Ermächtigung durch Rechtsverordnung auf das Bundesaufsichtsamt übertragen.

(3) Die Aufzeichnungen nach den Absätzen 1 und 2 sind mindestens sechs Jahre aufzubewahren. Für die Aufbewahrung gilt § 257 Abs. 3 und 5 des Handelsgesetzbuchs entsprechend.

Anhang B - Verhaltens-Richtlinie des BAWe

Richtlinie gemäß § 35 Abs. 6 des Gesetzes über den Wertpaplerhandel (WpHG) zur Konkretisierung der §§ 31 und 32 WpHG für das Kommissionsgeschäft, den Elgenhandel für andere und das Vermittlungsgeschäft der Wertpapierdlenstlelstungsunternehmen vom 9. Mai 2000

Fundstelle: Bundesanzeiger Nr. 131 vom 15. Juli 2000, S. 13 792

Präambel

Teil A. Anwendungsbereich

Teil B. Konkretisierung des § 31 WpHG für das Kommissionsgeschäft, den
        Eigenhandel für andere und das Vermittlungsgeschäft

1. Abschnitt: Allgemeine Informationen vor Erbringen der
   Wertpapierdienstleistung

1.1 Informationen über das Unternehmen
1.2 Informationen über Kosten und Sicherheitsleistungen

2. Abschnitt: Einholung von Kundenangaben und Mitteilung
zweckdienlicher Informationen

2.1 Einholung von Kundenangaben
2.2 Inhalt der Aufklärung
2.2.1 Aufklärung zu Schuldverschreibungen
2.2.2 Aufklärung zu Aktien
2.2.3 Aufklärung zu Investmentanteilsscheinen
2.2.4 Aufklärung zu Derivaten und Optionsscheinen
2.2.5 Aufklärung zu sonstigen Anlageformen
2.3 Vertretung des Kunden
2.4 Verfahren, wenn Kunden keine Angaben machen
2.5 Verfahren, wenn Kunden nicht erreichbar sind
2.6 Regelung für Wertpapierdienstleistungsunternehmen, soweit sie
       Kundenaufträge lediglich vermitteln oder im Wege des

132

Kommissionsgeschäftes oder des Eigenhandels für andere nur ausführen ("Execution only")

3. Abschnitt: Pflichten bei der Erbringung der Wertpapierdienstleistung

Teil C. Ausnahmen

Teil D. Nachprüfbarkeit
Teil E. Verbotene Geschäfte nach § 32 WpHG

1. Abschnitt: Empfehlungsverbote
2. Abschnitt: Verbotene Eigengeschäfte zum Nachteil des Kunden
3. Abschnitt: Anwendung auf Mitarbeiter und andere Personen

Teil F. Schlussbestimmung

Präambel

Diese Richtlinie erläutert die sich aus § 31 und 32 Wpl-IG ergebenden Verpflichtungen.

Teil A regelt zunächst den Anwendungsbereich der Richtlinie. Teil B konkretisiert die Anforderungen des § 31 WpHG für das Kommissionsgeschäft, den Eigenhandel für andere und das Vermittlungsgeschäft der dem Anwendungsbereich dieser Richtlinie unterliegenden Wertpapierdienstleistungsunternehmen.
Die Teile Q D und E enthalten Erläuterungen zu Ausnahmen, der Nachprüfbarkeit und den verbotenen Geschäften nach § 32 WpHG.

A. Anwendungsbereich

Diese Richtlinie   gilt   für   das   Wertpapierdienstleistungsgeschäft
            der   folgenden
Wertpapierdienstleistungsunternehmen:
a)   Kreditinstitute,
b)   Finanzdienstleistungsinstitute,
c)   Zweigstellen von Unternehmen im Sinne des § 53 Abs. 1 Satz 1
des Gesetzes
        über das Kreditwesen.

Diese Richtlinie gilt ebenso für Unternehmen mit Sitz im Ausland, die Wertpapierdienstleistungen oder Wertpapiernebendienstleistungen gegenüber Kunden erbringen, die ihren gewöhnlichen Aufenthalt oder ihre Geschäftsleitung im Inland haben, sofern nicht die Wertpapierdienstleistung oder Wertpapiernebendienstleistungen einschließlich der damit im Zusammenhang stehenden Nebenleistungen ausschließlich im Ausland erbracht wird.

Wertpapierdienstleistungsgeschäft im Sinne dieser Richtlinie ist das Kommissionsgeschäft, der Eigenhandel für andere (durch Kaufvertrag, z.b. Festpreisgeschäft) und das Vermittlungsgeschäft (Anlage- und Abschlussvermittlung), soweit es sich auf Wertpapiere, Geldmarktinstrumente oder Derivate im Sinne des § 2 Abs. 1,1 a oder 2 Wpl-IG bezieht. Erfasst werden hiervon auch solche Geschäfte, bei denen Kundenaufträge von Wertpapierdienstleistungsunternehmen lediglich an andere Wertpapierdienstleistungsunternehmen weitergeleitet werden, sofern die Dienstleistung sich nicht auf eine reine Botentätigkeit beschränkt.

Diese Richtlinie gilt nicht a) für die in § 2 a WpHG genannten Ausnahmen; b) für Geschäfte, die an einer Börse zwischen zwei Wertpapierdienstleistungsunternehmen abgeschlossen werden und zu Börsenpreisen führen (§ 37 Abs. 1 Satz 1 WpHG)

B. Konkretisierung des § 31 WpHG für das Kommisslonsgeschäft, den Eigenhandel für andere und das Vermittlungsgeschäft

1. Allgemeine Informationen vor Erbringen der Wertpapierdienstleistung
1.1 Informationen über das Unternehmen

Das Wertpapierdienstleistungsunternehmen hat dem Kunden auf Nachfrage Angaben zu Art und Umfang der angebotenen Wertpapierdienstleistungen, insbesondere zu seinem Produktangebot zu machen.
Bei mehrstufigen Vermittlungsverhältnissen ist der Kunde über das Bestehen eines Untervermittlungsverhältnisses aufzuklären.

1.2 Informationen über Kosten und Sicherheitsleistungen

Das Wertpapierdienstleistungsunternehmen muss dem Kunden vor der Erbringung der Wertpapierdienstleistung in geeigneter Weise ermöglichen, Informationen über Berechnung, Höhe und Art der Kosten, ggf. zu erbringende Sicherheitsleistungen ("margin") und etwaige andere Zahlungspflichten wie Kosten für Konto- bzw. Depotauszüge - zur Kenntnis zu nehmen, und diese auf Nachfrage erläutern. Auf Mindestentgelte ist besonders hinzuweisen.

Vereinbart das Wertpapierdienstleistungsunternehmen mit anderen eingeschalteten Unternehmen die teilweise Rückzahlung von dem Kunden als Aufwendungsersatz in Rechnung gestellten fremden Kosten an sich ("Kickback-Vereinbarungen"), so hat das Wertpapierdienstleistungsunternehmen den Kunden hierüber aufzuklären. Auf vereinbarte Geldzahlungen oder andere geldwerte Vorteile (z.B. ResearchErgebnisse etc.), die das Wertpapierdienstleistungsunternehmen etwa im Rahmen seiner Vermittlungstätigkeit, mittelbar oder unmittelbar erhält und die wirtschaftlich im Zusammenhang mit Kundengeschäften stehen, hat das Wertpapierdienstleistungsunternehmen den Kunden zumindest in allgemeiner Form hinzuweisen und diese auf Nachfrage zu erläutern. Die

Aufklärung bezieht sich im Rahmen des Kommissionsgeschäfts auch auf die kommissionsrechtliche Verpflichtung zur Herausgabe dieser Beträge.

Soweit die Informationen nicht schon bei Begründung der Geschäftsbeziehung erteilt wurden, können sie spätestens vor Erbringen einer Wertpapierdienstleistung erfolgen. Auf Änderungen in der Preisgestaltung ist der Kunde in geeigneter Weise hinzuweisen.

2. Einholung von Kundenangaben und Mitteilung zweckdienlicher Informationen

Das Wertpapierdienstleistungsunternehmen muss dem Kunden - soweit erforderlich - spätestens vor der Erteilung eines Auftrags alle zweckdienlichen Informationen über die beabsichtigten Geschäftsarten mitteilen (Aufklärung), d.h. es hat den Kunden insbesondere über die Eigenschaften und Risiken der einzelnen Anlageformen aufzuklären.

Der Kunde kann auf die Aufklärung über Eigenschaften und Risiken der Anlageformen -soweit diese erforderlich ist- nicht verzichten. Das Wertpapierdienstleistungsunternehmen hat dem Kunden die erforderliche Aufklärung zumindest anzubieten oder zugänglich zu machen. Die Pflicht zur Aufklärung kann seitens des Wertpapierdienstleistungsunternehmens nicht abbedungen werden.

Bei der Beurteilung der Erforderlichkeit kann, insbesondere bei mehrstufigen Vermittlungsverhältnissen, berücksichtigt werden, ob der Kunde bereits aufgeklärt worden ist. Ist dies der Fall, ist der Kunde jedoch ggf. gesondert über die in der Sphäre des jeweiligen Wertpapierdienstleistungsunternehmens liegenden Risiken aufzuklären.

Soweit das Wertpapierdienstleistungsunternehmen Aufträge lediglich vermittelt oder im Wege des Kommissionsgeschäftes oder des Eigenhandel für andere lediglich ausführt ("Execution-Only"), sei es über einen besonderen Vertriebsweg, im Einzelfall oder generell, d.h. auf die Aufklärung keine die persönlichen Verhältnisse des Kunden berücksichtigende Anlageempfehlung folgt, ist der Kunde spätestens vor Ausführung des Auftrags darauf ausdrücklich hinzuweisen. In diesen Fällen gelten die folgenden Regeln des 2. Abschnitts nach Maßgabe von 2.6.

2.1 Einholung von Kundenangaben

Das Wertpapierdienstleistungsunternehmen ist verpflichtet, den Kunden nach den von ihm verfolgten Anlagezielen, seinen Kenntnissen oder Erfahrungen in den einzelnen Anlageformen und seinen finanziellen Verhältnissen zu befragen, soweit dies erforderlich ist.

Die Kundenangaben sind, insbesondere bei mehrstufigen Vermittlungsverhältnissen, grundsätzlich von dem Wertpapierdienstleistungsunternehmen einzuholen, das den unmittelbaren Kontakt zum Kunden hat.

Dabei ist deutlich zu machen, dass die Erteilung der Angaben, die auf freiwilliger Grundlage erfolgt, im Interesse des Kunden liegt. Der Umfang der vom Kunden einzuholenden Angaben ist am Interesse des Kunden und an Art und Umfang der beabsichtigten Geschäftsarten auszurichten. Dabei kann auch berücksichtigt werden, ob der Kunde einem anderen eingeschalteten Wertpapierdienstleistungsunternehmen, beispielsweise einem Finanzportfolioverwalter, die erforderlichen Angaben bereits erteilt hat. Ist dies der Fall, sind vom Kunden jedoch ggf. gesondert Angaben einzuholen, die für die ihm gegenüber zu erbringende Wertpapierdienstleistung erforderlich sind. Die Angaben sind entbehrlich, soweit das Wertpapierdienstleistungsunternehmen bereits hinreichend über die Verhältnisse des Kunden unterrichtet ist. Sind einzelne Angaben im Hinblick auf die beabsichtigten Geschäftsarten im Sinne dieser Richtlinie nicht erforderlich, sondern werden sie nur zur Vereinfachung im Rahmen der Gesamtgeschäftsbeziehung eingeholt, so ist der Kunde darauf vorher hinzuweisen. Es muss sichergestellt sein, dass die erhaltenen Angaben ausschließlich für die Zwecke der Aufklärung und ggf. Beratung des Kunden verwendet werden dürfen, es sei denn, der Kunde stimmt einer anderweitigen Verwendung zu.

Die Kundenangaben sind Grundlage für die Aufklärung durch das Wertpapierdienstleistungsunternehmen. Der Kunde ist deshalb darauf hinzuweisen, dass er das Wertpapierdienstleistungsunternehmen darüber informieren soll, wenn in seinen den Angaben zugrunde liegenden Verhältnissen eine wesentliche Änderung eingetreten ist. Das Wertpapierdienstleistungsunternehmen hat den Kunden erneut zu befragen, sobald erkennbar ist, dass in den den Angaben zugrunde liegenden Verhältnissen des Kunden eine wesentliche Änderung eingetreten ist. Bei Derivaten und Optionsscheinen sind die Kundenangaben, soweit erforderlich, spätestens nach Ablauf von 3 Jahren erneut einzuholen.

Das Wertpapierdienstleistungsunternehmen hat den Kunden, soweit erforderlich, zu folgenden Punkten zu befragen:

a) Anlageziele
Das Wertpapierdienstleistungsunternehmen hat den Kunden zu seinen Anlagezielen zu befragen. Der Kunde ist insbesondere über sein Interesse an lang- oder kurzfristigen Anlagen (z.b. für Zwecke der Altersversorgung, Ausbildung), einmaligen oder wiederkehrenden Ausschüttungen (Erträgen) und über den Umfang seiner Risikobereitschaft zu befragen.

b) Kenntnisse oder Erfahrungen
Das Wertpapierdienstleistungsunternehmen hat den Kunden darüber zu befragen, in weichen Anlageformen (z.b. Schuldverschreibungen, Aktien, Investmentanteilscheine, Derivate) er über Wissen verfügt oder welche Anlageformen er in der Vergangenheit bereits selbst genutzt hat (Umfang und Häufigkeit der Geschäfte, Zeitraum u.a.).

c) Finanzielle Verhältnisse
Das Wertpapierdienstleistungsunternehmen hat den Kunden zu seinen finanziellen Verhältnissen zu befragen, soweit es im Hinblick auf die beabsichtigten Geschäftsarten und unter Berücksichtigung seiner Anlageziele sowie seiner Kenntnisse oder Erfahrungen erforderlich ist. Sofern der Kunde Angaben über Depotbestände und Derivatepositionen bei anderen Instituten macht, sind auch diese Angaben zu berücksichtigen.

Hinsichtlich des Umfangs der Fragen hat das Wertpapierdienstleistungsunternehmen zu berücksichtigen, ob die beabsichtigten Geschäfte aus eigenen Mitteln bezahlt oder durch Kredite finanziert werden und welche Verlust-, Nachschuss- oder andere Risiken bei diesen Geschäften bestehen. Bei Kunden, die aus Guthaben Anlagen in Wertpapieren mit besonderer Bonität des Emittenten, wie beispielsweise Wertpapiere des Bundes, der Sondervermögen des Bundes, der Bundesländer sowie in vergleichbaren Papieren der Staaten des Europäischen Wirtschaftsraumes tätigen, sind Angaben zu den finanziellen Verhältnissen grundsätzlich nicht erforderlich.

2.2 Inhalt der Aufklärung

Soweit erforderlich ist der Kunde spätestens vor der Erteilung des Kundenauftrags unter Berücksichtigung seiner Angaben über die Eigenschaften und Risiken der Anlageformen zu unterrichten und auf andere erhebliche Umstände hinzuweisen, z.B. die Möglichkeit der Limitierung von Aufträgen, insbesondere bei Märkten mit geringer Liquidität, und Mindestordergrößen. Dies kann auch durch standardisierte Informationsbroschüren geschehen.

Dem Kunden ist mitzuteilen, dass er das Recht hat, Weisungen für die Ausführung, insbesondere hinsichtlich der Bestimmung des Börsenplatzes, zu erteilen.

Soweit es ihm bekannt ist, muss das Wertpapierdienstleistungsunternehmen dem Kunden auf Nachfrage mitteilen, an welchen Börsen oder Märkten sein Auftrag ausgeführt werden soll und welche Vermittler, Händler, Market-Maker, Makler, Depotbanken oder Clearing-Organisationen an der Ausführung beteiligt sind. Das Wertpapierdienstleistungsunternehmen muss den Kunden aufklären, soweit bei bestimmten Beteiligten oder im Hinblick auf bestimmte Märkte besondere Risiken, insbesondere Ausfall- und Abwicklungsrisiken, vorliegen. Dies gilt insbesondere bei grenzüberschreitenden Wertpapierdienstleistungen.

Die Aufklärung muss zutreffend, vollständig, unmissverständlich sowie gedanklich geordnet und in geeigneter Weise gestaltet sein. Dabei soll das Wertpapierdienstleistungsunternehmen hinsichtlich des Inhalts und der Form der Aufklärung die Kenntnisse bzw. Erfahrungen sowie das jeweilige Aufklärungsbedürfnis des Kunden hinsichtlich der betreffenden Anlageform berücksichtigen. Die Aufklärung ist zu wiederholen, wenn dies - etwa wegen geringer Geschäftstätigkeit des Kunden angezeigt ist.

Wird auf Grund der Kundenangaben eine Einstufung der Kunden in Risikokategorien vorgenommen und diese dem Kunden mitgeteilt, so ist die Einstufung bei der Ausführung von Kundenaufträgen vom Wertpapierdienstleistungsunternehmen zu beachten und dem Kunden die Kriterien der Einstufung offen zu legen.

Wünscht der Kunde nach Rücksprache die Ausführung eines bestimmten Auftrags, der nicht in der ihm mitgeteilten Risikokategorie liegt, kann der Auftrag ausgeführt werden, wenn sichergestellt ist, dass der Kunde die erforderliche Aufklärung vor der Ausführung des Auftrags erhalten hat. Gleiches gilt, wenn die Ausführung im Wege des Eigenhandels für andere erfolgt.

2.2.1 Aufklärung zu Schuldverschreibungen

Risikohinweise zu Schuldverschreibungen sollen insbesondere Informationen über den Ertrag, das Bonitätsrisiko, ggf. das Länderrisiko, das Kurs- und Zinsrisiko, das Liquiditätsrisiko, das Währungsrisiko sowie das Kündigungs- und Auslosungsrisiko enthalten.

2.2.2 Aufklärung zu Aktien

Risikohinweise zu Aktien sollen insbesondere Informationen über den Ertrag (Dividende), das Kursrisiko, das Bonitätsrisiko, das Liquiditätsrisiko, das Konjunkturrisiko und Währungsrisiko enthalten.

Risikohinweise zu Aktien, die nicht an einer in- oder ausländischen Börse gehandelt werden (z.B. U.S.amerikanische "penny stocks"), sollen Informationen über den Markt (insbesondere die Marktliquidität) und das besondere Verlustrisiko der Anlageform sowie die Herkunft der Kursangaben, den Unterschied zwischen Geld- und Briefkurs ("spread") und die Entgelte der an der Ausführung beteiligten Wertpapierdienstleistungsunternehmen enthalten.

2.2.3 Aufklärung zu Investmentanteilscheinen

Risikohinweise zu Investmentanteilscheinen sollen Informationen über die Zusammensetzung des Fondsvermögens, die Anlagestrategie, die Verwendung der Erträge, die Ausgabekosten (Ausgabeaufschlag u.a.), das Kursrisiko und das Bewertungsverfahren enthalten.

2.2.4 Aufklärung zu Derivaten und Optionsscheinen

Risikohinweise zu Derivaten müssen insbesondere Informationen über den Basiswert, die wirtschaftlichen Zusammenhänge und Funktionsweise der Produkte (insbesondere die Bedeutung der Laufzeit für das Aufgeld, der Ausübungsart, des Hebeleffektes, der Liquidität und Volatilität des Marktes und ggf. des Stillhalterrisikos), den Ertrag, das Kursrisiko, das Währungsrisiko und das Bonitätsrisiko enthalten.

Wird für die beabsichtigten Geschäfte die Hinterlegung von Sicherheiten ("margin") verlangt, ist der Kunde darüber und auf Nachfrage auch über die Modalitäten der Berechnung der Sicherheitsleistung schriftlich zu unterrichten. Dabei muss offen gelegt werden, weicher Beteiligte die Sicherheit verlangt, in weicher Form die Sicherheitsleistung erfolgen

kann (z.B. in Geld, Wertpapieren) und ob das
Wertpapierdienstleistungsunternehmen dem Kunden gegenüber höhere
Sicherheiten verlangt als die Börse. Der Kunde muss auch über seine
Pflicht informiert werden, ggf. zusätzliche Sicherheiten (Nachschüsse) zu
leisten. Darüber hinaus ist gegebenenfalls auf die Möglichkeit der
Durchreichung der Sicherheiten an die betreffende Börse oder
Clearing-Organisation hinzuweisen.

Das Wertpapierdienstleistungsunternehmen hat den Kunden darüber
aufzuklären, unter weichen Voraussetzungen es das Recht hat, die
Positionen des Kunden glattzustellen bzw. zu liquidieren. Dabei muss
der Kunde insbesondere darauf hingewiesen werden, in weichen
Abständen die Einhaltung der Sicherheitsanforderungen vom
Wertpapierdienstleistungsunternehmen überprüft wird und welche Frist
zur Erfüllung der Nachschusspflicht dem Kunden vor der Liquidierung
seiner Position eingeräumt wird.

Ferner muss das Wertpapierdienstleistungsunternehmen den Kunden
darüber unterrichten, in welcher Weise die geleisteten Sicherheiten
verwaltet werden und ob der Kunde bei entsprechender Marktlage ggf.
überschüssige Sicherheiten abziehen darf.

2.2.5 Aufklärung zu sonstigen Anlageformen

Risikohinweise zu sonstigen Anlageformen, wie beispielsweise
strukturierten Finanzprodukten Aktienanleihen o.ä., sollen insbesondere
Informationen über die Funktionsweise und die durch die Struktur dieser
Anlageformen bedingten Risiken enthalten.

2.3 Vertretung des Kunden

Im Fall der Vertretung des Kunden ist hinsichtlich der Einholung von
Angaben zu Kenntnissen oder Erfahrungen in den einzelnen
Geschäftsarten sowie für die Erforderlichkeit der Mitteilung
zweckdienlicher Informationen auf den Vertreter abzustellen.

2.4 Verfahren, wenn Kunden keine Angaben machen

Das Wertpapierdienstleistungsunternehmen hat sich ernsthaft um die Erlangung der erforderlichen Kundenangaben zu bemühen. Macht ein Kunde von seinem Recht Gebrauch, keine Angaben zu machen, muss das Wertpapierdienstleistungsunternehmen dies dokumentieren. Die Möglichkeit, keine Angaben zu machen, darf nicht als Bestandteil eines Fragebogens vorgesehen werden. Hat der Kunde die notwendigen Angaben nicht erteilt, kann ein bestimmter Auftrag des Kunden ausgeführt werden, wenn sichergestellt ist, dass dem Kunden vor Annahme des Auftrags eine Aufklärung über Eigenschaften und Risiken der Anlageformen angeboten worden ist.

2.5 Verfahren, wenn Kunden nicht erreichbar sind

Ist der Kunde für Zwecke der Aufklärung nicht zu erreichen und liegt die unverzügliche Ausführung des Auftrags erkennbar im Interesse des Kunden, so reicht es aus, wenn die mit einer Aufklärung verbundenen zweckdienlichen Informationen unverzüglich nach der Ausführung dem Kunden mitgeteilt werden.

2.6 Regelung für Wertpapierdienstleistungsunternehmen, soweit sie Kundenaufträge lediglich vermitteln oder im Wege des Kommissionsgeschäftes oder des Eigenhandels für andere nur ausführen ("Execution-Only")

Soweit ein Wertpapierdienstleistungsunternehmen Aufträge lediglich vermittelt oder im Wege des Kommissionsgeschäfts oder des Eigenhandels für andere nur ausführt ("Execution-Only"), sei es über einen gesonderten Vertriebsweg, im Einzelfall oder generell, hat es den Kunden spätestens vor Auftragsannahme darauf hinzuweisen. Die Aufklärung soll unter Zugrundelegung der Kenntnisse oder Erfahrungen und der vom Kunden beabsichtigten Geschäftsarten erfolgen. Sofern das Unternehmen dem Kunden Informationen zukommen lässt, die über die in diesem Abschnitt geregelte Aufklärung hinausgehen, z.B. durch Marktkommentare, Charts oder Analysen, hat es gegenüber dem Kunden klarzustellen, dass diese Informationen keine Anlageberatung darstellen, sondern lediglich die selbstständige Anlageentscheidung des Kunden erleichtern sollen.

Das Wertpapierdienstleistungsunternehmen hat den Kunden spätestens vor der Erteilung eines Auftrags grundsätzlich nur zu seinen Kenntnissen oder Erfahrungen zu befragen. Angaben des Kunden zu Anlagezielen und finanziellen Verhältnissen sind aber jedenfalls dann erforderlich, soweit das Wertpapierdienstleistungsunternehmen dem Kunden zur Durchführung der beabsichtigten Geschäfte Kredit vermittelt, selbst einräumt oder die Hinterlegung von Sicherheiten verlangt. Im Übrigen gelten die Regeln des 2. Abschnitts.

3. Pflichten bei der Erbringung der Wertpapierdienstleistung

Das Wertpapierdienstleistungsunternehmen darf einzelne Kunden bei der Erbringung der Wertpapierdienstleistung unbeschadet der folgenden Regelungen nicht ohne sachlichen Grund zu Lasten anderer Kunden bevorzugen.

Das Wertpapierdienstleistungsunternehmen darf Geschäfte für Kunden grundsätzlich nur im Rahmen eines entsprechenden Vertragsverhältnisses oder im Rahmen anderer vertraglich vereinbarter Befugnisse (z.B. Bezugsrechts-, Pfandrechtsverwertung, Glattstellung von Terminpositionen) abschließen.

Bei Börsentermingeschäften muss das Wertpapierdienstleistungsunternehmen von den Kunden mindestens die nach den Vorschriften über die Sicherheitsleistung ("Margin"-Vorschriften) der entsprechenden Terminbörse erforderliche Sicherheitsleistung verlangen. Vor Ausführung der Geschäfte und bei offenen Positionen ist mindestens börsentäglich zu überprüfen, ob die erforderliche Sicherheitsleistung erbracht worden ist.

3.1 Behandlung von Geschäften von Mitarbeitern und Geschäftsleitern[1]

Bei der Durchführung von Mitarbeitergeschäften werden Mitarbeiter nicht besser gestellt als die Kunden des Wertpapierdienstleistungsunternehmens.

Aufträge zu Mitarbeitergeschäften, d.h. auch Zeichnungen von Wertpapieremissionen, sind uhrzeitgerecht zu erfassen und vor der Ausführung über die zuständige konto-/depotführende Stelle zu leiten oder auf einem vergleichbaren, neutralen Wege zu erteilen. Ein vergleichbarer, neutraler Weg ist dann gegeben, wenn der Mitarbeiter keinen Einfluss auf die Disposition und Preisgestaltung nehmen kann

1 Vgl. die entsprechenden Regelungen in der Bekanntmachung des Bundesaufsichtsamtes für das Kreditwesen und des Bundesaufsichtsamtes für den Wertpapierhandel über Anforderungen an Verhaltensregeln für Mitarbeiter der Kreditinstitute und Finanzdienstleistungsinstitute in Bezug auf Mitarbeitergeschäfte vom 7.Juni 2000 (BAnz. S.13790) (wie z. B. in der Regel bei einer Ordererteilung über das Internet). Insbesondere sind direkte Ordererteilungen, etwa unmittelbar beim Händler, nicht zulässig. Soweit die Auftragserfassung elektronisch erfolgen kann, sind Mitarbeitergeschäfte vor Ausführung mit allen relevanten Daten in das für die Auftragserfassung bestimmte EDV-System sofort einzugeben.

Mitarbeitergeschäfte gegen den von dem Mitarbeiter selbst disponierbaren Bestand des Wertpapierdienstleistungsunternehmens oder gegen von ihm auszuführende Kundenaufträge sind nicht zulässig. Dies gilt nicht beim Kauf aus dem Bestand des Wertpapierdienstleistungsunternehmens zu den von dem Wertpapierdienstleistungsunternehmen festgelegten Konditionen.

Diese Regeln gelten auch für die Geschäftsinhaber eines einzelkaufmännisch betriebenen Wertpapierdienstleistungsunternehmens sowie die Personen, die nach Gesetz oder Gesellschaftsvertrag mit der Führung der Geschäfte des Wertpapierdienstleistungsunternehmens betraut und zu seiner Vertretung ermächtigt sind.

3.2 Zeitnahe Ausführung bzw. Weiterleitung und Kundenpriorität

Die Ausführung bzw. Weiterleitung eines Kundenauftrags muss grundsätzlich zeitnah erfolgen, es sei denn, das Kundeninteresse gebietet eine spätere Ausführung bzw. Weiterleitung. Alle Aufträge bzw. Weisungen des Kunden sind grundsätzlich in der Reihenfolge ihres Eingangs auszuführen bzw. weiterzuleiten. Soweit Aufträge an der Börse auszuführen sind, hat das Wertpapierdienstleistungsunternehmen für eine unverzügliche Weiterleitung Sorge zu tragen.

Durch die Ausführung von interessewahrenden Aufträgen (IW-Orders) darf es nicht zu einer Benachteiligung bei der Ausführung der Aufträge anderer Kunden kommen. Treffen IW-Orders mit gleichgerichteten Einzelaufträgen von Kunden zusammen, so hat sich die Ausführung nach dem Zeitpunkt der Auftragseingänge zu richten. Bei weiteren Teilausführungen ist sicherzustellen, dass inzwischen eingegangene Einzelaufträge gleichermaßen an den Markt gelangen.

Vom Grundsatz der zeitnahen Ausführung bzw. Weiterleitung darf abgewichen werden, wenn nach pflichtgemäßer Einschätzung des Wertpapierdienstleistungsunternehmens eine spätere Ausführung bzw. Weiterleitung nachvollziehbar im Interesse des Kunden liegt. Ausdrücklichen Weisungen hinsichtlich des Ausführungs- bzw. Weiterleitungszeitpunktes ist nachzukommen.

Nach Abwicklung eines Verkaufsauftrags ist dem Kunden unverzüglich eine entsprechende Kontogutschrift zu erteilen. Die Regelungen des Depotgesetzes für die Abwicklung von Kaufaufträgen bleiben unberührt.

Werden Kundenaufträge vom Wertpapierdienstleistungsunternehmen lediglich an andere Wertpapierdienstleistungsunternehmen weitergeleitet, so ist, sofern die Dienstleistung sich nicht auf eine reine Botentätigkeit beschränkt, dem Kunden gegenüber klarzustellen, dass und für wen das weiterleitende Wertpapierdienstleistungsunternehmen tätig wird. Ferner ist darauf hinzuweisen, dass der Kundenauftrag von dem anderen Wertpapierdienstleistungsunternehmen ausgeführt wird, sowie ob und unter welchen Voraussetzungen dessen Geschäftsbedingungen zugrunde gelegt werden. Börsenaufträge sind -soweit möglichunmittelbar an den Kommissionär zu richten.

3.3 Ausführung im bestmöglichen Interesse des Kunden

Die Wertpapierdienstleistungen sind im bestmöglichen Interesse des Kunden zu erbringen. Entscheidend sind die dem Wertpapierdienstleistungsunternehmen erkennbaren Interessen des Kunden. Aufträge, die erkennbar nicht mit dem Interesse des Kunden übereinstimmen, darf das Wertpapierdienstleistungsunternehmen nur dann ausführen bzw. weiterleiten, wenn es dem Kunden vorher die Risiken verdeutlicht hat.

Die Aufteilung eines einheitlich erteilten Auftrags in mehrere Teilaufträge ist nur statthaft, wenn sie unter Berücksichtigung der dadurch anfallenden Kosten wirtschaftlich sinnvoll ist und im Interesse des Kunden liegt. Dies gilt nicht, wenn der Kunde ausdrücklich eine Aufteilung seines Auftrags verlangt.

Bei Aufträgen, die über Orderroutingsysteme an die jeweilige Börse weitergeleitet werden, ist dafür Sorge zu tragen, Verzögerungen bei der Auftragsweiterleitung möglichst gering zu halten. Andernfalls sind die Aufträge auf anderem Wege (z.B. Telefon, Telefax) weiterzuleiten.

Bei Ausführung bzw. Weiterleitung des Kundenauftrags durch Dritte hat das Wertpapierdienstleistungsunternehmen diese im Interesse der bestmöglichen Ausführung bzw. Weiterleitung sorgfältig auszuwählen.

Soweit keine besondere Weisung des Kunden vorliegt, hat sich das Wertpapierdienstleistungsunternehmen im Rahmen des Kommissionsgeschäfts mit verkehrsüblicher Sorgfalt darum zu bemühen, auf dem nach § 10 des Börsengesetzes maßgeblichen Markt unter Berücksichtigung der anfallenden Kosten den günstigsten Preis zu erzielen. Gegebenenfalls hat das Wertpapierdienstleistungsunternehmen sich über die Liquidität der Märkte (z.B. sog. "emerging markets") zu erkundigen.

Vereinbart das Wertpapierdienstleistungsunternehmen mit dem Kunden für ein einzelnes Geschäft einen festen Preis (Eigenhandel für andere bzw. Festpreisgeschäft), so hat es den Kunden darüber zu informieren, dass dadurch ein Kaufvertrag zustande kommt. Der Preis bei Eigenhandel für andere hat sich regelmäßig am Marktpreis zu orientieren.

3.4 Wertpapierzutellung

Bietet ein Wertpapierdienstleistungsunternehmen Privatkunden den Erwerb von Wertpapieren durch Zeichnung an, so hat es diese über das Zuteilungsverfahren bei Kunden, insbesondere über die Zuteilung bei Überzeichnung, zu informieren.

Die Geschäftsleitung bzw. die von ihr benannte Stelle entscheidet über die Art und Weise der Zuteilung an Mitarbeiter oder Dritte, für deren Rechnung der Mitarbeiter handelt. Das Wertpapierdienstleistungsunternehmen hat Vorkehrungen zu treffen, dass seine Mitarbeiter nicht günstiger gestellt werden als die Kunden des Wertpapierdienstleistungsunternehmens.

3.5 Zusammenfassung von Kundenaufträgen

Kundenaufträge dürfen untereinander und mit Eigengeschäftsaufträgen des Wertpapierdienstleistungsunternehmens zu einem Auftrag zusammengefasst werden, wenn kein Grund zu der Annahme besteht, dass dadurch das Kundeninteresse verletzt wird. Möglicherweise erreichte Kostenvorteile sind anteilig an die Kunden weiterzugeben.

Die Zuordnung des Kundenauftrags zum jeweiligen Ausführungsgeschäft muss stets möglich sein. Ausführungsgeschäfte aus zusammengefassten Aufträgen sind unverzüglich nach der Ausführung - d.h. grundsätzlich noch am Handelstag - den betroffenen Kunden zuzuordnen.

Können nicht alle Aufträge ausgeführt werden, so haben Kundenaufträge Vorrang. Dies gilt ausnahmsweise dann nicht, wenn nach den Umständen anzunehmen ist, dass ohne die Zusammenfassung mit Eigenaufträgen eine Zuteilung an den betreffenden Kunden überhaupt nicht oder nur zu schlechteren Bedingungen möglich gewesen wäre.

3.6 Dokumentation

3.6.1 Dokumentation des zeitlichen Ablaufs

Bei Vermittlungsgeschäften ist grundsätzlich schriftlich oder durch eine gleichwertige Aufzeichnungsform (z.B. elektronisch) der Zeitpunkt der Erteilung des Auftrags des Kunden unter Angabe des annehmenden Mitarbeiters sowie der Zeitpunkt der Ausführung bzw. Weiterleitung zu dokumentieren. Gleiches gilt für Eigenhandel für andere mit der Maßgabe, dass der Zeitpunkt des Vertragsschlusses und der Ausführung festzuhalten ist.

Bei Kommissionsgeschäften ist der Zeitpunkt der Erteilung des Auftrages, der Weitergabe an ein ausführendes Wertpapierdienstleistungsunternehmen (insbesondere einen Makler) und dessen Auftragsausführung regelmäßig durch elektronische oder vergleichbare Mittel festzuhalten. In Ausnahmefällen ist die manuelle Dokumentation ausreichend. Telefonisch erteilte Aufträge können mit Einwilligung des Kunden auch durch Tonträgeraufzeichnungen dokumentiert werden. Die Aufzeichnung hat in unmittelbarem zeitlichen Zusammenhang mit der Annahme bzw. Weiterleitung und der Ausführung des Auftrags zu erfolgen.

Jedes Ausführungsgeschäft ist sofort nach Geschäftsabschluss mit allen maßgebenden Abschlussdaten zu erfassen und anschließend unverzüglich mit allen Unterlagen an die Abwicklung weiterzuleiten. Ausführungsgeschäfte, die nach Erfassungsschluss der Abwicklung geschlossen werden (Spätgeschäfte), sind als solche zu kennzeichnen und bei den Positionen des Abschlusstags (einschließlich der Nacherfassung) zu berücksichtigen. Händlerzettel über Spätgeschäfte sind unverzüglich einer Stelle außerhalb des Handels zuzuleiten. Für

Geschäfte, die über ein Abwicklungssystem einer Börse oder ein anderes Abwicklungssystem abgerechnet werden, ist eine andere Form der Dokumentation zulässig.

3.6.2 Auftragsbestätigung und Geschäftsabrechnung

Grundsätzlich ist jeder Auftrag, der nicht tagesgültig erteilt wird, spätestens an dem der Erteilung folgenden Tag schriftlich oder in gleichwertiger Form zu bestätigen (Auftragsbestätigung), sofern er nicht unverzüglich, spätestens an dem der Erteilung folgenden Tag, schriftlich oder in gleichwertiger Form abgerechnet wird (Geschäftsabrechnung). Dies gilt auch für besondere Anweisungen des Kunden, etwa Limitierungen. Bei Zeichnungsaufträgen kann eine Auftragsbestätigung entfallen, wenn der Kunde spätestens vor Erteilung des Zeichnungsauftrages darauf hingewiesen wird, dass eine Auftragsbestätigung nicht erteilt wird. Jeder Eigenhandel für andere ist unverzüglich schriftlich oder in gleichwertiger Form abzurechnen.

Die Geschäftsabrechnung muss alle für das Geschäft wesentlichen Angaben enthalten, hinsichtlich der in Rechnung gestellten Kosten transparent und (für den durchschnittlichen Kunden) verständlich sein. Dazu gehören insbesondere der Preis, das Abschlussdatum und beim Kommissionsgeschäft auch der Börsenplatz. Bei Termingeschäften ist dem Kunden für die Eröffnung und Schließung jeder Position eine entsprechende Geschäftsbestätigung bzw. -abrechnung zu erteilen. Kommt es beim Kommissionsgeschäft zur Teilausführung, gilt die Teilgeschäftsabrechnung, die für den ausgeführten Teil erstellt wird, zugleich als Auftragsbestätigung für den nicht ausgeführten Teil. Bei der Zusammenfassung von Kundenaufträgen im Rahmen des Kommissionsgeschäfts ist an jeden Kunden eine Auftragsbestätigung zu senden. Jedes Geschäft muss einzeln gebucht und aufgezeichnet werden.

3.6.3 Geschäftsbestätigung

Im Rahmen des Kommissionsgeschäfts ist grundsätzlich jedes Geschäft nach Ausführung unverzüglich schriftlich oder in gleichwertiger Form dem Kunden anzuzeigen (Geschäftsbestätigung), sofern es nicht unverzüglich abgerechnet wird (Geschäftsabrechnung). Für Geschäfte, die über ein Abwicklungssystem einer Börse oder ein anderes Abwicklungssystem abgerechnet werden, ist eine andere als die vorgenannte Form der Geschäftsbestätigung bzw. -abrechnung zulässig.

C. Ausnahmen

Bei Geschäften mit anderen Wertpapierdienstleistungsunternehmen oder sonstigen Marktteilnehmern, die im Zusammenhang mit ihrer gewerblichen Tätigkeit regelmäßig Geschäfte in Wertpapieren, Geldmarktinstrumenten oder Derivaten in einem Umfang abschließen, der wegen der wirtschaftlichen Bedeutung für die vorgenannten Unternehmen insoweit vertiefte Fachkenntnisse voraussetzt, besteht die Möglichkeit, von einer Einholung von Kundenangaben sowie einer Aufklärung nach dem 2. Abschnitt von Teil B. unter den folgenden Voraussetzungen abzusehen:

- das Wertpapierdienstleistungsunternehmen teilt diesen Kunden schriftlich vor der Erbringung der Wertpapierdienstleistung mit, dass im Hinblick auf deren Fachkenntnisse sowohl von der Einholung von Kundenangaben als auch von der Aufklärung abgesehen wird;
- der Kunde widerspricht dieser Vermutung nicht unverzüglich;
- das Wertpapierdienstleistungsunternehmen hat die Gründe für die diesbezügliche Einstufung der Kunden schriftlich   dokumentiert.

D. Nachprüfbarkeit

Die Wertpapierdienstleistungsunternehmen haben die in Teil B. geregelten Pflichten so zu erfüllen, dass deren Einhaltung im Rahmen einer Prüfung nach § 35 Abs. 1 oder § 36 Abs. 1 WpHG nachvollzogen werden kann.

Bei einer Aufzeichnung der Kundenangaben können standardisierte Fragebögen verwendet werden.

E. Verbotene Geschäfte nach § 32 WpHG

1. Empfehlungsverbote

Dem Wertpapierdienstleistungsunternehmen ist es verboten, dem Kunden ein Geschäft zu empfehlen, von dem es annimmt oder begründet annehmen muss, dass dieses Geschäft für den Kunden nachteilig ist. Insbesondere darf es dem Kunden keine Geschäfte empfehlen, die nicht mit dessen Interessen übereinstimmen.

Das Interesse des Kunden ist insbesondere dann verletzt, wenn in seinem Konto bzw. Depot etwa durch Empfehlungen eine unverhältnismäßig hohe Anzahl von Geschäften veranlasst wird und die dadurch entstehenden Kosten im Verhältnis zum eingesetzten Kapital und dem erzielbaren Gewinn unangemessen hoch sind.

Dem Wertpapierdienstleistungsunternehmen ist es ferner untersagt, dem Kunden Geschäfte zu empfehlen, um den Preis im Hinblick auf Eigengeschäfte des Wertpapierdienstleistungsunternehmens oder eines verbundenen Unternehmens im Sinne von § 15 des Aktiengesetzes zu beeinflussen. Insbesondere sind irreführende Einwirkungen auf die Meinungsbildung der Kunden oder eine Täuschung der Kunden (z.b. durch Scheingeschäfte und arrangierte Geschäfte) zu unterlassen.

2. Verbotene Eigengeschäfte zurn Nachteil des Kunden

Dem Wertpapierdienstleistungsunternehmen ist es verboten, Eigengeschäfte aufgrund der Kenntnis oder Erwartung eines Kundenauftrags abzuschließen, die Nachteile für den Auftraggeber zur Folge haben können (Verbot des Vor-, Mit- oder Gegenlaufens).

Es ist insbesondere verboten, sich im Hinblick auf eine künftig zu veröffentlichende Empfehlung mit Wertpapieren bzw. Derivaten einzudecken, um diese nach Veröffentlichung der Empfehlung Gewinn bringend zu veräußern. Für Verkäufe gilt entsprechendes. Wenn die Veröffentlichung schriftlicher Kundenempfehlungen oder bestimmter Research-Ergebnisse durch das Wertpapierdienstleistungsunternehmen oder ein mit dem Wertpapierdienstleistungsunternehmen verbundenes Unternehmen bevorsteht, dürfen Eigengeschäfte in den betroffenen Werten nicht vorgenommen werden, bevor die Kunden eine ausreichende Reaktionsmöglichkeit hatten. Eine ausreichende Reaktionsmöglichkeit ist grundsätzlich dann anzunehmen, wenn bei Vorliegen der schriftlichen Kundenempfehlung mindestens die Bereichsöffentlichkeit durch Veröffentlichung über ein bei Wertpapierdienstleistungsunternehmenen, börsenzugelassenen Unternehmen und Versicherungsunternehmen weit verbreitetes elektronisch betriebenes Informationsverbreitungssysterm hergestellt worden ist. Ausnahmen von dieser Regel bestehen in den folgenden Fällen:

- es ist offensichtlich keine wesentliche Preis- bzw. Kursbeeinflussung zu erwarten;
- es handelt sich um Geschäfte im Rahmen einer Market-Maker-Tätigkeit,

- es handelt sich um ein Geschäft zur Erfüllung einer Kundenorder, bei der das Wertpapierdienstleistungsunternehmen weder beratend noch als Vermögens-verwalter tätig geworden ist;
- das Geschäft dient der Eindeckung, um nach der Veröffentlichung erwartete Orders erfüllen zu können, und beeinflusst den Kurs dadurch nicht zum Nachteil der Kunden;
- in der Veröffentlichung wird über mögliche Eigengeschäfte informiert.

Das Verbot von Empfehlungen und Eigengeschäften gilt insoweit nicht, als das Wertpapierdienstleistungsunternehmen hinreichende organisatorische Vorkehrungen zur Verhinderung damit zusammenhängender Interessenkonflikte getroffen hat.

3. Anwendung auf Mitarbeiter und andere Personen

Die in Ziffer 1. und 2. genannten Verbote gelten entsprechend für Geschäftsinhaber eines einzeikaufmännisch betriebenen Wertpapierdienstleistungsunternehmens sowie bei anderen Wertpapierdienstleistungsunternehmen für Personen, die nach Gesetz oder Gesellschaftsvertrag mit der Führung der Geschäfte des Unternehmens betraut und zu seiner Vertretung ermächtigt sind, und für Mitarbeiter eines Wertpapierdienstleistungsunternehmens, die mit der Durchführung von Geschäften in Wertpapieren oder Derivaten, der Wertpapieranalyse (Research) oder der Anlageberatung betraut sind.

Darüber hinaus besteht, soweit die gesetzlichen Voraussetzungen vorliegen, die Pflicht zur getrennten Vermögensverwaltung nach § 34 a WpHG. Hierzu wird auf das Rundschreiben des Bundesaufsichtsamtes für den Wertpapierhandel vom Oktober 1998 verwiesen.

F. Schlussbestirnirnung

Diese Richtlinie setzt die Richtlinie vom 26. Mai 1997 (BAnz. Nr. 98 vom 3. Juni 1997, S. 6586) außer Kraft.

Frankfurt am Main, den 9. Mai 2000
Bundesaufsichtsamt für den Wertpapierhandel
Der Präsident
Wittich

Anhang C - Art. 11 EG-WpDRL

Auszug aus der Wertpapierdienstleistungs-Richtlinie

Richtlinie des Rates der Europäischen Gemeinschaften über Wertpapierdienstleistungen vom 10. Mai 1993 (93/22/EWG) (ABl. EG Nr. L 141/27 vom 11. 6. 1993)

Der Rat der Europäischen Gemeinschaften
- gestützt auf den Vertrag zur Gründung der Europäischen Wirtschaftsgemeinschaft, insbesondere auf Artikel 57 Absatz 2,
auf Vorschlag der Kommission[5], in Zusammenarbeit mit dem Europäischen Parlament[6], nach Stellungnahme des Wirtschafts- und Sozialaussschusses[7], in Erwägung nachstehender Gründe:
Diese Richtlinie ist unter dem zweifachen Aspekt der Niederlassungsfreiheit und des freien Dienstleistungsverkehrs im Bereich der Wertpapiertinnen ein wesentliches Instrument für die Verwirklichung des Binnenmarktes, die durch die Einheitliche Europäische Akte beschlossen und durch das Weißbuch der Kommission vorgezeichnet worden ist.
Aus Gründen des Anlegerschutzes und der Stabilität des Finanzsy-stems dürfen Finnen, die die unter diese Richtlinie fallenden Wertpapierdienstleistungen erbringen, erst nach Zulassung durch ihren Herkunftsmitgliedstaat tätig werden.

(...)

Artikel 11
(1) Die Mitgliedstaaten erlassen Wohlverhaltensregeln, welche die Wertpapierfirmen fortwährend einzuhalten haben. Diese Regeln müssen zumindest die Beachtung der unter den nachstehenden Gedankenstrichen aufgeführten Grundsätze gewährleisten und so angewandt werden, daß der Professionalität der Person Rechnung getragen wird, für die die Dienstleistung erbracht wird. Die Mitgliedstaaten
-wenden diese Regeln gegebenenfalls auch auf die in Abschnitt C des Anhangs genannten Nebendienstleistungen an. Gemäß diesen Grundsätzen muß die Wertpapierfirma
- bei der Ausübung ihrer Tätigkeit recht und billig im bestmöglichen Interesse ihrer Kunden und der Integrität des Marktes handeln;
- ihre Tätigkeit mit der gebotenen Sachkenntnis, Sorgfalt und Gewissenhaftigkeit im bestmöglichen Interesse ihrer Kunden und der Integrität des Marktes ausüben;

- über die für einen erfolgreichen Abschluß ihrer Tätigkeit erforderlichen Mittel und Verfahren verfügen und diese wirksam einsetzen;
- von ihren Kunden Angaben über die finanzielle Lage, ihre Erfahrung mit Wertpapiergeschäften und ihre mit den gewünschten Dienstleistungen verfolgten Ziele verlangen;
- bei den Verhandlungen mit ihren Kunden alle zweckdienlichen Informationen in geeigneter Form mitteilen;
- sich um die Vermeidung von Interessenkonflikten bemühen, und, wenn sich diese nicht venneiden lassen, dafür sorgen, daß ihre Kunden nach Recht und Billigkeit behandelt werden;
- alle für die Ausübung ihrer Tätigkeit geltenden Vorschriften im bestmöglichen Interesse ihrer Kunden und der Integrität des Marktes nachkommen.

(2) Unbeschadet der im Rahmen der Harmonisierung der Wohlverhaltensregeln zu fassenden Beschlüsse fallen die Durchführung und die Überwachung der Einhaltung dieser Vorschrift weiterhin in die Zuständigkeit des Mitgliedstaats, in dem die Dienstleistung erbracht wird.

(3) Führt eine Wertpapierfirma einen Auftrag aus, so bestimmt sich das Kriterium der Professionalität des Anlegers bei der Anwendung der in Absatz 1 genannten Regeln nach dem Anleger, von dem der Auftrag ausgeht, unabhängig davon, ob er direkt vom Anleger selbst oder indirekt über eine Wertpapierfirma, die die Dienstleistung gemäß Abschnitt A Nummer 1 Buchstabe a) des Anhangs anbietet, erteilt wird.

Anhang D - Fragebogen der [pma:] AG

[pma:]
Finanz und Versicherungsmakler

Sie haben die Wahl

Finanzprofil für pma-Finanzberatungen
Stand 07/99

Mandantenprofil

Name _____ | Vorname _____

Geburtsdatum _____ | Personalausweis-Nr. _____

Ausstellungsdatum des Personalausweises _____ | Ausstellungsort des Personalausweises _____

Straße/Nr. _____ | PLZ/Wohnort _____

Telefon (geschäftlich) _____ | Fax (geschäftlich) _____

Telefon (privat) _____ | Fax (privat) _____

Partner/Partnerin

Name _____ | Vorname _____

Geburtsdatum _____ | Personalausweis-Nr. _____

Erklärung/Unterschrift

Ich bin den folgenden Fragebogen mit dem Berater durchgegangen und habe die von mir gemachten Angaben sowie meine Antworten auf sämtliche Fragen überprüft. Mir ist bewußt, daß bei der Erteilung von Anlageempfehlungen davon ausgegangen wird, daß meine gemachten Angaben korrekt sind.

Ort/Datum _____

Unterschrift des Mandanten _____ | Unterschrift des Beraters _____

Unterschrift des 2. Kontoinhabers (ggf.) _____

154

[pma:]

Finanz- und Versicherungsmakler

Sie haben die Wahl

Anlageziele	Bemerkungen

1. Wieviel Sparvermögen steht Ihnen derzeit insgesamt zur Anlage zur Verfügung?

_____ DM/Euro

2. Wieviel DM/Euro stehen Ihnen monatlich zur Anlage zur Verfügung?

_____ DM/Euro

3. Wieviel Prozent Ihres (einmaligen oder monatlichen) Anlagevolumens möchten Sie jetzt anlegen?

A Weniger als 5 % ☐ 10 Punkte
B 5 % - 10 % ☐ 8 Punkte
C 10 % - 20 % ☐ 6 Punkte
D 20 % - 30 % ☐ 4 Punkte
E Über 30 % ☐ 1 Punkt

4. Welches Hauptziel wird mit dieser Anlage verfolgt?

A. Sichere Kapitalanlage ☐ 3 Punkte
B Kurzfristige Anlage ☐ 4 Punkte
C Mittel- bis langfristige Anlage ☐ 12 Punkte
D Langfristiger Vermögenszuwachs ☐ 22 Punkte
E Altersvorsorge Bis 45 J ☐ 20 Punkte
45 bis 55 J. ☐ 12 Punkte
Ab 55 J ☐ 5 Punkte

5. Zeitraum, innerhalb dessen die angelegten Mittel benötigt werden

A *) Innerhalb von 1 bis 3 Jahren ☐ 2 Punkte
B **) Innerhalb von 3 bis 5 Jahren ☐ 6 Punkte
C **) Innerhalb von 5 bis 7 Jahren ☐ 8 Punkte
D Innerhalb von 7 bis 10 Jahren ☐ 10 Punkte
E. Nach mehr als 10 Jahren ☐ 16 Punkte

Achtung!
Bemerkung zu Frage 5:
*) Falls diese Frage mit „A" beantwortet wird, ist darauf zu achten, daß die Frage 4 nicht mit „C", „D" oder „E" beantwortet werden kann
**) Wird diese Frage mit „B" oder „C" beantwortet, kann Frage 4 nicht mit „D" beantwortet werden Bitte ggf. den zeitlichen Anlagehorizont überprüfen!

6. Haben Sie schon einmal in Aktien oder Aktienfonds investiert?

A Ja ☐ 10 Punkte
B Nein, aber ich verfolge die Börsenentwicklung ☐ 5 Punkte
C Nein ☐ 0 Punkte

Wenn ja - fiel es Ihnen leicht, das damit verbundene Risiko zu akzeptieren?

A. Ja ☐ 10 Punkte
B Nein ☐ Minus 10 Punkte

7. Welche der folgenden Aussagen beschreibt am ehesten Ihre Einkommenserwartungen für die kommenden 5 Jahre?

A Ich rechne damit, daß mein Einkommen deutlich stärker wächst als die Inflation ☐ 10 Punkte
B Ich erwarte, daß meine Einkommenssteigerungen mit der Inflation Schritt halten. ☐ 5 Punkte
C Ich rechne damit, daß mein Einkommen in der Zukunft zurückgeht. ☐ 2 Punkte

8. Wo würden Sie auf der folgenden Skala Ihr persönliches Anlageverhalten einordnen?

A Risikoarme Anlage bei sicherem, wenn auch geringem Ertrag ☐ 0 Punkte
B Höheres Zinseinkommen, mögliche Kursgewinne bei gemäßigtem Risiko ☐ 10 Punkte
C Ertragserwartung liegt über normalem Zinsniveau, Kapitalzuwachs überwiegend aus Aktienmarkt- und Währungschancen ☐ 20 Punkte
D Spekulative Anlagen am Aktienmarkt mit erhöhtem Risiko und höherem Renditepotential ☐ 30 Punkte

Achtung!
Bemerkung zu Frage 8:
*) Eine erwartete Rendite von mehr als 8 % im Jahr ist nicht mit einer risikoarmen Anlage zu vereinbaren Eine so hohe Rendite ist ebenfalls nicht mit der Antwort „A" oder „C" auf Frage 4 zu vereinbaren Ein hohes Renditepotential ist zwangsläufig mit einem erhöhten Risiko verbunden!

Welchen Gewinn erwarten Sie insgesamt von Ihrer Geldanlage (pro Jahr)?

4 %	6 %	8 %	*) 10 %	*) 12 %	*) Über 12 %
☐	☐	☐	☐	☐	
5	10	20	25	30	30 Punkte

155

⌊pma:⌋

Finanz- und Versicherungsmakler

Ste ludien die Wahl

Risiko-Rendite-Verhältnis

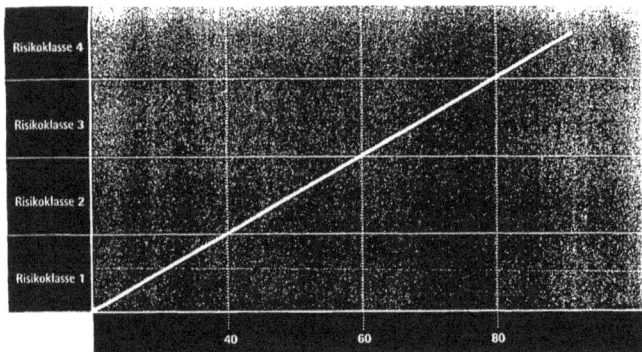

Risikoklasse 1	Risikoklasse 2	Risikoklasse 3	Risikoklasse 4
Sicherheitsorientiert	**Einkommensorientiert**	**Wachstumsorientiert**	**Spekulativ**
DWS Geldmarktfonds	DWS Inter-Renta	Adig Nürnberger Adig A	DWS Technologiefonds
DBIM RtS Garant	DWS Re-Inrenta	DWS Akkumula	DWS Telemedia
DBIM Rendite Garant	DWS PlusInvest Einkommen	DWS PlusInvest Wachstum	DWS PharmaMed
Fidelity Euro Cash Fund	Fidelity FPS Moderate Growth	Fidelity International Fund	Mercury Emerging Markets Fund
Fidelity FPS Defensive Fund	Fidelity Euro Bond Fund	Metzler Wachstum International	Mercury Japan Fund
Credit Suisse CS Euroreal	Fidelity Euro Balanced Fund	Templeton Growth Fund	Mercury Japan Opportunities Fund

Individuelle Favoriten

156

Anhang E - Fragebogen Consors

ConSors 🏛️
Die Discount-Broker

Konto-/Depoteröffnung

253467

Bitte vollständig ausfüllen und auf der **Rückseite zweifach unterschreiben**

Bitte eröffnen Sie:

10104004

☒ mein/unser Depot (inklusive Verrechnungskonto).

☐ Ja, ich/wir möchte(n) mein/unser Konto noch in DM führen.

zusätzlich folgende Währungskonten:

☐ US-Dollar ☐ Brit. Pfund ☐ Schweizer Franken

| Depot-Nr.* | |
| Konto-Nr.* | |

* Wird von ConSors Discount-Broker AG eingesetzt

1. Konto-/Depotinhaber + ggf. gesetzlicher Vertreter	2. Konto-/Depotinhaber (nur bei Gemeinschaftskonten von Ehepartnern)
Name, Vorname, Geburtsname	**Name, Vorname, Geburtsname**
Anschrift (Straße, PLZ, Ort)	**Anschrift (falls abweichend)**
Postanschrift (falls abweichend)	**Postanschrift (falls abweichend)**
Staatsangehörigkeit / **Beruf/Branche**	**Staatsangehörigkeit** / **Beruf/Branche**
Familienstand / **Geschlecht** ☐ weiblich ☐ männlich	**Familienstand** / **Geschlecht** ☐ weiblich ☐ männlich
Geburtsdatum	**Geburtsdatum**
Telefon-Nr. privat / **Telefax-Nr.**	
Telefon-Nr. geschäftlich / **e-Mail**	

Angabe nach § 8 Geldwäschegesetz

☐ Ich handle/Wir handeln für eigene Rechnung   ☐ Ich handle/Wir handeln für:

Referenzkonto bei Ihrer Hausbank

Für ausgehende Überweisungen via PhoneBroking	Konto Nr.	BLZ	Institut

Erforderliche Angaben nach § 31 Abs. 2 Nr. 1 Wertpapierhandelsgesetz

Wie hoch liegt Ihr durchschnittliches Jahreseinkommen?

☐ unter 50.000 DM   ☐ 50 000 – 100.000 DM   ☐ 100.000 – 150.000 DM

☐ 150.000 – 250.000 DM   ☐ über 250.000 DM

Wie hoch liegt Ihr Nettovermögen zur freien Verfügung? ➡️

Wichtig: In welcher der folgenden Produktkategorien (Risikoklassen) haben Sie derzeit für eine ausgewogene Anlageentscheidung notwendige Kenntnisse? (bitte nur eine Risikoklasse ankreuzen)

☐ **Risikoklasse 1**
z.B. Wertpapiere des Bundes, Pfandbriefe und Kommunalobligationen (DM/Euro), Anleihen anderer Emittenten sehr guter Bonität (DM/Euro), Geldmarktfonds mit Anlageschwerpunkt EU 11*

Anlageziel: „Substanzerhaltung, die Sicherheit der Anlage steht im Vordergrund." — Anlageerfahrung haben Sie seit ca. [   ] Jahren

☐ **Risikoklasse 2**
z.B. Anleihen mit guter Bonität (DM/Euro), Auslandsanleihen sehr guter Bonität (DM/Euro), Rentenfonds mit Anlageschwerpunkt EU 11* (DM/Euro)

Anlageziel: „Höheren Ertragserwartungen stehen angemessene Risiken gegenüber." — Anlageerfahrung haben Sie seit ca. [   ] Jahren

☐ **Risikoklasse 3**
z.B. (Auslands-) Anleihen mittlerer Bonität (DM/Euro), Währungsanleihen sehr guter Bonität (nicht EU 11*), Aktien der EU 11* (Standardwerte), Gemischte Fonds und Aktienfonds mit Anlageschwerpunkt EU 11*

Anlageziel: „Ertragserwartung über Kapitalmarktzinsniveau, gesteigerte Risikobereitschaft" — Anlageerfahrung haben Sie seit ca. [   ] Jahren

☐ **Risikoklasse 4**
z.B. Währungsanleihen guter und mittlerer Bonität (nicht EU 11*), Aktien der EU 11* (Nebenwerte), Aktien außerhalb EU 11* (Standardwerte), Gemischte Fonds und Aktienfonds mit Anlageschwerpunkt außerhalb EU 11*

Anlageziel: „hohe Ertragserwartung, hohe Risikobereitschaft" — Anlageerfahrung haben Sie seit ca. [   ] Jahren

☐ **Risikoklasse 5a (ohne Börsentermingeschäftsfähigkeit)**
z.B. Spekulative Anleihen, ausländische Aktien außerhalb EU 11* (Nebenwerte), getrennte Optionsscheine, Indexzertifikate (ohne BTG-Pflicht), Aktien- und Rentenfonds mit Anlageschwerpunkt Emerging Markets

Anlageziel: „sehr hohe Ertragserwartung und Risikobereitschaft, Totalverlust des eingesetzten Kapitals möglich" — Anlageerfahrung haben Sie seit ca. [   ] Jahren

☐ **Risikoklasse 5b (mit Börsentermingeschäftsfähigkeit)**
Covered Warrants, Optionen und Futures, Indexzertifikate, Warrant-Funds — **Bitte fordern Sie die Unterlagen zum Optionsschein-Handel bei uns an.**

Ihre Anlageerfahrung in Optionsscheingeschäften ist ☐ gering ☐ umfassend	**Wann haben Sie das Formblatt „Wichtige Informationen über Verlustrisiken bei Börsentermingeschäften" (nach § 53 II Börsengesetz) zum erstenmal bei einer anderen Bank unterschrieben?** ☐ vor [ ] Jahren ☐ Noch gar nicht

* EU 11 = alle Länder, die der Europäischen Union angehören.

Wichtig: Gemäß § 31 Absatz 2 Wertpapierhandelsgesetz haben wir Ihre Angaben bei der Ausführung Ihrer Wertpapierorders zu berücksichtigen

Bitte auf der Rückseite zweifach unterschreiben.

Anhang F - Fragebogen der dt. Kreditwirtschaft

Lfd. Nummer	Depot-Nummer
Datum	Gesprächspartner der Bank/Tel.-Nr.

Angaben nach § 31 Abs. 2 Wertpapierhandelsgesetz

Bei der Durchführung von Wertpapierdienstleistungen haben die Kreditinstitute von ihren Kunden Angaben über deren Erfahrungen oder Kenntnisse in derartigen Geschäften, über die mit diesen Geschäften verfolgten Ziele und über die finanziellen Verhältnisse der Kunden zu verlangen, soweit dies zur Wahrung der Kundeninteressen und im Hinblick auf Art und Umfang der beabsichtigten Geschäfte erforderlich ist. Die Erteilung der Angaben ist freiwillig und liegt im eigenen Interesse des Kunden. Treffen die Angaben nicht mehr zu, sollte ein Hinweis an die Bank erfolgen, damit diese berichtigt werden können.

Persönliche Angaben

Name, Vorname
(auch Geburtsname)/
Firma

Beruf/Position   ☐ selbständig   ☐ unselbständig

Güterstand   Anzahl d. unter-
halt.... ...nder

Sonstige Vermerke

Bisheriges Anlageverhalten

Welche Geschäfte wurden bisher getätigt?

Inlandsbezogene Geschäftsformen
☐ Renten   ☐ A....   ☐ I.... ...fonds   ☐ Optionsscheine   ☐ Börsentermingeschäfte
☐ Sonstiges:

Auslandsbezogene ...
☐ Renten   ☐ A....   ☐ Investmentfonds   ☐ Optionsscheine   ☐ Börsentermingeschäfte
☐ Sonstiges:

Nicht wertpapierbezogene Anlageformen

Seit wieviel Jahren tätigt der Kunde diese Geschäfte?
☐ erstmalig   ☐ seit weniger als 5 Jahren   ☐ seit mehr als 5 Jahren

Umfang der Geschäfte pro Transaktion
☐ bis 10 000 DM¹   ☐ bis 50 000 DM¹   ☐ bis 100 000 DM¹   ☐ über 100.000 DM¹

Anzahl der Wertpapierkäufe pro Jahr
☐ bis 2   ☐ bis 5   ☐ bis 10   ☐ über 10

Wurden Wertpapiergeschäfte auf Kreditbasis getätigt?
☐ nein   ☐ ja | Kreditrahmen (Währung, Betrag)

Künftig verfolgte Anlageziele

Anlagestrategie:

☐ Konservativ: Substanzerhaltung; die Sicherheit der Anlage steht im Vordergrund.

☐ Risikobewußt: Höheren Ertragserwartungen stehen angemessene Risiken gegenüber

☐ Spekulativ: Hohen Ertragschancen stehen hohe Risiken gegenüber.

Verfolgt der Kunde besondere Ziele (z.B. Altersvorsorge, Familienvorsorge)?

Stehen diese besonderen Ziele im Einklang mit der zuvor bezeichneten Anlagestrategie?

¹ Oder Gegenwert in Euro   1

Anhang F

Angaben zu den Vermögens- und Einkommensverhältnissen

Vermögen   z B. – Bankguthaben
- Wertpapiere
- Immobilien
- Sonstige Vermögenswerte

(z B Versicherungen, Bausparverträge)

ca. Währung, Betrag

Verbindlichkeiten   z.B. – Hypotheken/Grundschulden
- Kredite
- Sonstige Verbindlichkeiten

(z B Bürgschaften)

ca. Währung, Betrag

Einkünfte   z.B. – Nettogehalt
☐ monatlich – Rente
☐ jährlich – Kapitaleinkünfte
- Sonstige Einkünfte

(z B Mieteinnahmen)

ca. Währung, Betrag

Ausgaben   z B. – Lebenshaltung
☐ monatlich – Miete
☐ – Kredite
- Sonstige Ausgaben

(z B Versicherungsprämien)

ca. Währung, Betrag

Überschuß   Einkünfte / Ausgaben

ca. Währung, Betrag

Lassen die Angaben des Kunden den Schluß zu, daß denkbare Verluste aus der angestrebten Wertpapieranlage gedeckt werden können?

Risikoinformation durch die Bank

Art der Information   Information erfolgte am

☐ Basisinformationen über Vermögensanlagen in Wertpapieren

☐ Wichtige Informationen über Verlustrisiken bei Börsentermingeschäften

☐ Basisinformationen über Börsentermingeschäfte

☐ Sonstiges

Bemerkungen

43.059 (01/95/6)

2

159

www.ingramcontent.com/pod-product-compliance
Lightning Source LLC
Chambersburg PA
CBHW020836210326
41598CB00019B/1920